교과서가 쉬워지는

용어 한국사 開 600

5
근현대 ❶

Mirae N 아이세움

교과서가 쉬워지는 용어 한국사 600

용어로 이해하고 그림으로 기억하는 한국사입니다

• 쉽게 이해되는 역사 용어
한국사 용어는 과거에 사용한 것들이어서 지금은 쓰지 않는 단어나 뜻을 모르는 한자어가 많습니다. 이 책은 낯설고 어려운 역사 용어를 쉽고 간결하게 설명하여 학생들이 명쾌하게 이해하도록 했습니다.

• 강렬한 인포그래픽 이미지
사진과 그림은 메시지를 효과적으로 전달합니다. 이 책은 학생들이 해당 주제를 직관적으로 이해하도록 인포그래픽 방식을 구사합니다.
이런 방식은 지식의 핵심을 강렬하게 전하여 교육 효과를 높이고 오래 기억되도록 합니다.

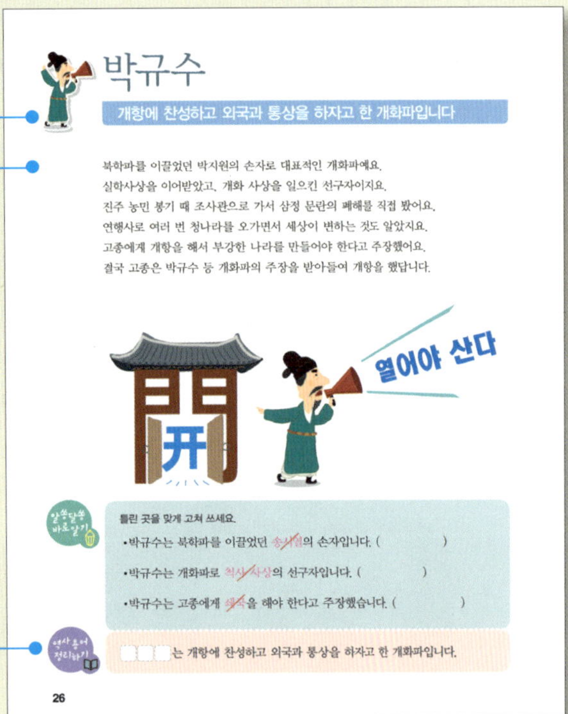

박규수

개항에 찬성하고 외국과 통상을 하자고 한 개화파입니다

북학파를 이끌었던 박지원의 손자로 대표적인 개화파예요.
실학사상을 이어받았고, 개화 사상을 일으킨 선구자이지요.
진주 농민 봉기 때 조사관으로 가서 삼정 문란의 폐해를 직접 봤어요.
연행사로 여러 번 청나라를 오가면서 세상이 변하는 것도 알았지요.
고종에게 개항을 해서 부강한 나라를 만들어야 한다고 주장했어요.
결국 고종은 박규수 등 개화파의 주장을 받아들여 개항을 했답니다.

알쏭달쏭 바로 알기

틀린 곳을 맞게 고쳐 쓰세요.
- 박규수는 북학파를 이끌었던 ~~송시열~~의 손자입니다. (　　　)
- 박규수는 개화파로 ~~척사 사상~~의 선구자입니다. (　　　)
- 박규수는 고종에게 ~~쇄국~~을 해야 한다고 주장했습니다. (　　　)

역사 용어 정리하기

□□□는 개항에 찬성하고 외국과 통상을 하자고 한 개화파입니다.

26

최익현

개항에 반대하고 외국과의 통상을 막으려 한 전통 유학자입니다

조선 후기의 대표적인 유학자로 품성이 매우 강직했어요.
흥선 대원군이 서원을 철폐하고 경복궁을 중건할 때엔 강하게 비판했지요.
서양 문물은 그릇되고 사악해 전통 사회를 무너뜨린다며
개항에 강하게 반대했어요.
그 뒤 일본이 우리나라의 권리를 하나씩 빼앗아 가자 의병을 일으켜 싸웠어요.
일본군에게 붙잡혀 쓰시마 섬으로 끌려갔는데,
적이 주는 음식은 먹지 않겠다며 단식으로 항의하다 숨졌어요.

알쏭달쏭 바로 알기

두 단어 중 맞는 것에 ○표 하세요.
- 최익현은 조선 후기의 전통 (실학자, 유학자)입니다.
- 최익현은 (서양, 동양) 문물이 전통 사회를 무너뜨린다며 개항에 반대했습니다.
- 최익현은 의병을 일으켜 싸우다 (쓰시마 섬, 자바 섬)으로 끌려갔습니다.

역사 용어 정리하기

□□□은 개항에 반대하고 외국과의 통상을 막으려 한 전통 유학자입니다.

조선의 개항 27

• 배경지식과 학습의 통합
학습은 배우는 '학(學)'과 익히는 '습(習)'의 통합입니다. 배워서 깨치더라도 학습자 스스로 자신의 것으로 만드는 노력이 따라야 합니다.
이 책은 설명과 이미지로 배운 한국사 지식을 학생이 곧바로 자신의 것으로 축적할 수 있도록 구성했습니다.

• 집중력과 정확성을 높이는 확인 학습
확인 학습은 [알쏭달쏭 바로 알기]와 [역사 용어 정리하기]로 구성하였습니다.

알쏭달쏭 바로 알기 는 틀린 내용을 학생이 직접 수정하도록 했습니다. 내용의 오류를 찾는 학습법은 흥미를 유발하고 학생들의 집중력을 높입니다. 그리고 스스로 수정하는 과정은 정확한 지식을 오래 기억하게 합니다. 문제 유형은 총 3가지로 '틀린 곳 고치기' '선택하기' '정오 구분하기'입니다.

역사 용어 정리하기 는 해당 주제의 핵심을 다시 한 번 정리하며 학습을 마무리하도록 합니다.

교과서가 쉬워지는 용어 한국사 600

지식과 학습이 통합되는 한국사입니다

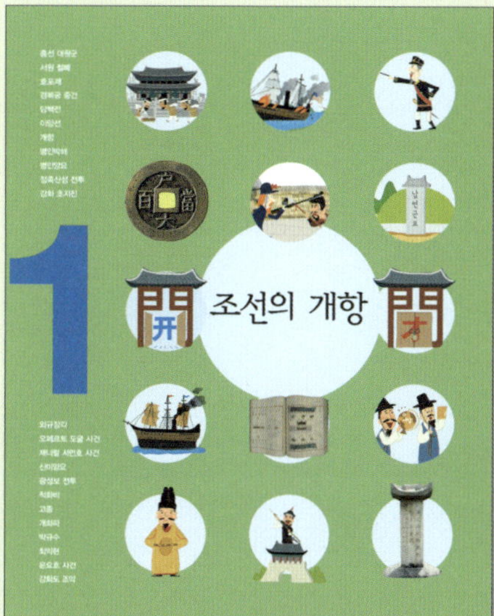

•**교육 과정과 연계한 주제 선정**
한국사 초등 교육 과정의 핵심 주제를 망라하여 교과 내용을 보충하거나 조사할 때 도움이 되도록 구성했습니다. 또 시대 이해에 필수적인 주제는 중고등 교육 과정을 참조하여 추가했습니다. 이는 초중고로 이어지는 한국사 연계 학습에 유용하며 각종 한국사 평가에 대비하는 능력을 키워 줍니다.

•**한국사를 꿰는 600가지 핵심 용어**
한국의 역사는 길기 때문에 인물, 사건, 제도, 유물, 전문 용어가 많습니다. 이 책은 한국사 공부에 필수적인 핵심 주제 600가지로 한국사 전체를 이해하도록 돕습니다.

•**집중과 선택이 수월한 학습자 맞춤형**
고대부터 근현대까지 총 6권으로 구성하여 초등 한국사는 물론 중학교 역사 학습의 기초가 되게 했습니다. 학교 진도에 맞추어 활용하거나, 집중 기간을 정해 일정 분량씩 순차적으로 학습할 수 있습니다. 그리고 학생의 흥미나 관심에 따른 주제 선택도 가능합니다. 한편 배경지식과 확인 학습 꼭지는 학생의 필요에 따라 각각 다양하게 활용할 수 있습니다.

차 례

1 조선의 개항

흥선 대원군 7
서원 철폐 8
호포제 9
경복궁 중건 10
당백전 11
이양선 12
개항 13
병인박해 14
병인양요 15
정족산성 전투 16
강화 초지진 17
외규장각 18
오페르트 도굴 사건 19
제너럴 셔먼호 사건 20
신미양요 21
광성보 전투 22
척화비 23
고종 24
개화파 25
박규수 26
최익현 27
운요호 사건 28
강화도 조약 29

2 자주 독립을 위한 노력

수신사 31
영선사 32
별기군 33
임오군란 34
갑신정변 35
우정국 36
김옥균 37
동학 농민 운동 38
전봉준 39
고부 농민 봉기 40
백산 봉기 41
황토현 전투 42
전주 화약 43
청·일 전쟁 44
갑오개혁 45
도량형 통일 46
우금치 전투 47
삼국 간섭 48
명성 황후 49
을미사변 50
태양력 사용 51
아관 파천 52
독립 협회 53
독립문 54
만민 공동회 55
광산 채굴권 56
철노 부설권 57

3 대한 제국과 근대 문물

경운궁 59
대한 제국 60
환구단 61
광무개혁 62
덕수궁 석조전 63
전깃불 64
전화기 65
전차 66
기차 67
원산 학사 68
육영 공원 69
배재 학당 70
이화 학당 71
소학교 72
선교사 73
광혜원 74
양장 75
단발 76
두루마기 77
남포등 78
유성기 79

4 국권 상실과 3·1 운동

일본 제국주의 81
러·일 전쟁 82
독도 침탈 83
을사조약 84
통감부 85
민영환 86
항일 의병 87
신돌석 88
헤이그 특사 파견 89
애국 계몽 운동 90
안창호 91
이승훈 92
신민회 93
주시경 94
황성신문 95
대한매일신보 96
국채 보상 운동 97
한일 신협약 98
안중근 의거 99
국권 상실 100
조선 총독부 101
무단 통치 102
서대문 형무소 103
민족 자결주의 104
2·8 독립 선언 105
3·1 운동 106
독립 선언서 107
탑골 공원 108
유관순 109

정답 110
찾아보기 112

흥선 대원군
서원 철폐
호포제
경복궁 중건
당백전
이양선
개항
병인박해
병인양요
정족산성 전투
강화 초지진

1 조선의 개항

외규장각
오페르트 도굴 사건
제너럴 셔먼호 사건
신미양요
광성보 전투
척화비
고종
개화파
박규수
최익현
운요호 사건
강화도 조약

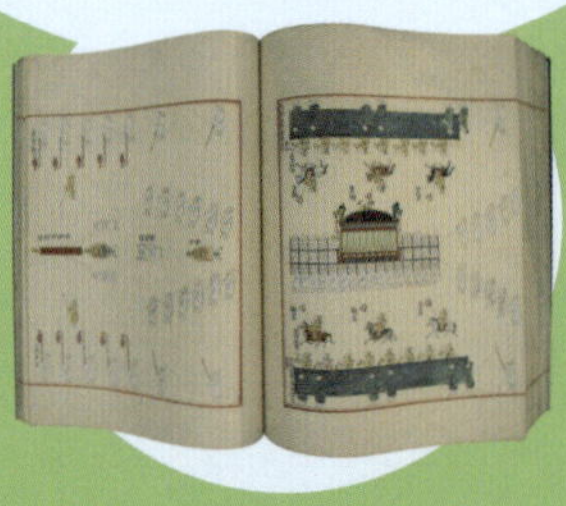

흥선 대원군

어린 나이에 왕이 된 고종의 아버지입니다

이름은 이하응이에요. 왕족이어서 흥선군으로 불리다 아들이 왕위에 오르자 흥선 대원군이 되었어요. 대원군은 자신은 왕이 아니면서 왕의 아버지가 된 사람에게 붙인 호칭이에요. 흥선군 시절엔 잔칫집 개로 불리며 몸을 낮추며 살았어요. 그때 권력을 쥐고 있던 안동 김씨는 똑똑한 왕족들을 없애거나 눌렀거든요. 철종이 아들 없이 죽자 왕실의 어른인 조 대비(신정 왕후)를 설득해 자신의 둘째 아들을 왕위에 올렸어요. 흥선 대원군은 어린 고종을 대신해 10년 동안 나라를 다스렸답니다.

알쏭달쏭 바로알기

틀린 곳을 맞게 고쳐 쓰세요.

- 흥선 대원군의 이름은 ~~이민호~~입니다. (　　　　　)
- 왕이 아니면서 왕의 아버지가 된 사람을 ~~부원군~~이라고 합니다. (　　　　　)
- 흥선 대원군은 ~~철종~~을 대신해서 나라를 다스렸습니다. (　　　　　)

역사 용어 정리하기

□□ □□□은 어린 나이에 왕이 된 고종의 아버지입니다.

서원 철폐

흥선 대원군이 문제가 많던 서원을 없앤 일을 말합니다

철폐(撤廢)는 걷어치워 없앤다는 뜻이에요.
서원은 훌륭한 유학자를 기리고 유학을 공부하는 곳이었어요.
나라에서는 서원에 토지와 노비, 책을 내려 주고, 세금도 받지 않았지요.
서원은 늘어났고, 양반들은 서원에 모여 자신들의 이익을 챙겼어요.
흥선 대원군은 서원이 나라 살림을 좀먹으며 백성을 괴롭힌다고 보았어요.
그래서 47개만 남기고 모두 없앴지요.
서원 철폐로 나라의 수입은 늘어나고 백성들은 좋아했지만 양반들은 반발했어요.

알쏭달쏭 바로알기

틀린 곳을 맞게 고쳐 쓰세요.

- 서원은 ~~천주학~~을 공부하는 곳입니다. (　　　　　　)
- 서원 철폐를 한 사람은 ~~철종~~입니다. (　　　　　　)
- ~~백성~~들은 서원 철폐에 반발했습니다. (　　　　　　)

역사 용어 정리하기

흥선 대원군이 문제가 많던 서원을 없앤 일을 □□ □□라고 합니다.

호포제

신분에 관계없이 가구마다 군포를 내게 한 제도입니다

호포는 가구(호戸)마다 내는 군포(포布)라는 뜻이에요.
군포는 16세에서 60세 사이의 남자가 군대에 가는 대신
나라에 바치는 무명이나 삼베를 말해요.
그런데 양반들은 군포를 내지 않았고 백성들만 몇 배의 군포를 냈지요.
흥선 대원군은 호포제를 실시해 평민 남자만 바치던 군포를
평민, 양반을 가리지 않고 집집마다 내게 했어요.
호포제로 평민들의 부담은 줄어들고, 양반들의 특권도 줄어들게 되었어요.

알쏭달쏭 바로알기

두 단어 중 맞는 것에 ○표 하세요.

- 호포는 (사람, 가구)마다 내는 군포라는 뜻입니다.
- 군포는 남자가 (집, 군대)에 가는 대신 내는 것이었습니다.
- 호포제를 실시해 (양반, 노비)도 군포를 부담하게 되었습니다.

역사 용어 정리하기

□□□는 신분에 관계없이 가구마다 군포를 내게 한 제도입니다.

경복궁 중건

임진왜란 때 불탄 경복궁을 다시 세운 일을 말합니다

중건이란 다시 중(重), 세울 건(建), 다시 세운다는 말이에요.
경복궁은 조선의 대표 궁궐입니다.
조선 초에 세워졌는데 임진왜란 때 불탔지요.
흥선 대원군은 왕실의 권위를 높이고자 경복궁을 다시 짓기로 했어요.
공사를 시작한 지 8년 만에 경복궁은 웅장한 제 모습을 완전히 되찾았지요.
그러나 궁궐 공사에 강제로 돈을 걷고, 일을 시켜 백성들의 원망을 샀어요.

알쏭달쏭 바로알기

틀린 곳을 맞게 고쳐 쓰세요.

- 경복궁은 고려의 궁궐 중 대표 궁궐입니다. (   )
- 경복궁은 병자호란 때 불에 탔습니다. (   )
- 흥선 대원군이 창경궁을 다시 세웠습니다. (   )

역사 용어 정리하기

☐☐☐ ☐☐은 임진왜란 때 불탄 경복궁을 다시 세운 일을 말합니다.

당백전

흥선 대원군이 만든 고액 화폐입니다

당백전 한 푼(문)은 상평통보의 백(백百) 푼에 해당할(당當) 정도로 큰돈이에요.
흥선 대원군은 경복궁 중건 등 돈 쓸데가 많아지자
상평통보 100배라는 당백전을 만들어 나라 살림에 보탰어요.
돈 가치가 실제로는 상평통보의 100배만큼 되지 않아 물건 값만 크게 올랐어요.
사람들이 당백전은 쓰지 않으려 하고, 물가는 오르고 해서 문제가 많았지요.

당백전 1개

상평통보 100개

알쏭달쏭 바로알기

틀린 곳을 맞게 고쳐 쓰세요.

- 당백전은 흥선 대원군이 경운궁 중건에 쓰려고 만들었습니다. (　　　　　　)
- 당백전은 상평통보의 10배에 해당하는 돈입니다. (　　　　　　)
- 상평통보의 발행으로 물건의 값만 크게 올랐습니다. (　　　　　　)

역사 용어 정리하기

흥선 대원군이 만든 화폐는 □□□ 입니다.

이양선

조선 후기에 우리 바다에 나타난 서양 배를 이르던 말입니다

다를 이(異), 모양 양(樣), 배 선(船), 모양이 다른 배라는 뜻이에요.
이때 우리나라 배들은 돛을 달고 노를 저어서 움직였어요.
이에 비해 서양의 배들은 증기 기관을 달고
석탄을 연료로 써서 검은 연기를 내뿜으며 움직였어요.
그래서 조선 사람들은 이양선을 '검은 배'라고 부르거나
'괴물 배' 또는 '황당선'이라고도 불렀지요.

돛단배 이양선

알쏭달쏭 바로알기

내용이 맞으면 ○표, 틀리면 X표를 하세요.

- 이양선은 색깔이 다른 배라는 뜻입니다. ( )
- 이양선은 조선 전기에 우리 바다에 나타났습니다. ( )
- 이양선은 증기 기관을 달고 검은 연기를 내뿜으며 움직였습니다. ( )

역사 용어 정리하기

조선 후기에 우리 바다에 나타난 서양 배를 ☐☐☐이라고 합니다.

개항

외국 배가 드나들 수 있도록 항구를 여는 것을 말합니다

열 개(開), 항구 항(港), 항구를 연다는 뜻으로,
외국 배들이 우리나라 항구에 드나드는 것을 허락하는 거예요.
개항은 다른 나라와의 관계에서 중요한 문제예요.
그때 서양은 공장에서 쏟아지는 물품들을 팔 새로운 시장이 필요해 동양으로 왔지요.
그리고 통상, 즉 무역을 하자며 동양 여러 나라에 개항을 요구했어요.
중국은 1842년에, 일본은 1854년에, 조선은 1876년에 개항을 했어요.

알쏭달쏭 바로알기

틀린 곳을 맞게 고쳐 쓰세요.

- ~~개시~~(이)란 외국 배들이 항구에 드나들도록 허락하는 것입니다. (   )
- 서양은 새로운 ~~사상~~이 필요해 동양으로 왔습니다. (   )
- 서양은 ~~통일~~을 하자며 동양 여러 나라에 개항을 요구했습니다. (   )

역사 용어 정리하기

외국 배가 드나들 수 있도록 항구를 여는 것을 ☐☐이라고 합니다.

병인박해

조선 후기 병인년에 천주교인을 크게 탄압한 사건입니다

병인년인 1886년에 일어난 천주교 탄압(박해)이라는 뜻이에요.
흥선 대원군은 서양과 통상도, 개항도 하지 않으려고 했어요.
중국과 일본이 서양의 힘에 밀려 개항을 하자 두려움을 느꼈거든요.
그때 조선에는 프랑스 신부들이 들어와 활동하고 있었어요.
흥선 대원군은 서양 세력과 천주교가 퍼지는 것을 막으려고
프랑스 신부 9명과 천주교 신자 8,000명을 처형했어요.

대표적인 천주교 박해 사건	1791년	1801년	1839년	1866년
	신해박해	신유박해	기해박해	병인박해

알쏭달쏭 바로알기

틀린 곳을 맞게 고쳐 쓰세요.

- 병인박해는 ~~갑오년~~에 일어난 천주교 탄압이라는 뜻입니다. (　　　　　)
- 흥선 대원군은 ~~동양~~과 통상을 하지 않으려고 했습니다. (　　　　　)
- 병인박해로 ~~미국~~ 신부와 천주교 신자가 처형당했습니다. (　　　　　)

역사 용어 정리하기

□□□□는 병인년에 천주교인을 크게 탄압한 사건입니다.

병인양요

프랑스가 병인년에 강화도에 침입한 사건입니다

병인년인 1886년에 서양인(양洋)이 일으킨 소란(요擾)이라는 뜻이에요.
병인박해 때 프랑스 신부 리델은 중국으로 탈출해
프랑스 함대 사령관에게 조선에서 일어난 일을 알렸어요.
프랑스는 자기 나라 신부를 처형한 것을 보복하겠다며
군함과 병사를 이끌고 쳐들어와 강화도를 차지했어요.
하지만 정족산성에서 크게 패배한 뒤 물러갔지요.
병인양요는 조선이 서양의 군대를 무찌른 첫 번째 싸움이에요.

군함 7척

해군 1,000여 명

알쏭달쏭 바로알기

두 단어 중 맞는 것에 ○표 하세요.

- 병인년은 (1876년, 1886년)입니다.
- 프랑스 함대가 병인년에 (한양, 강화도)를 차지했습니다.
- 프랑스는 병인양요 때 (정족산성, 행주산성)에서 패한 뒤 물러갔습니다.

역사 용어 정리하기

□□□□는 프랑스가 병인년에 강화도를 침입한 사건입니다.

정족산성 전투

병인양요 때 정족산성에서 프랑스군을 물리친 싸움입니다

병인양요 때 프랑스군이 차지한 강화도는 한양과 가까운 아주 중요한 곳이지요.
조선은 꼭 강화도를 되찾아야 했어요.
양헌수 장군은 밤을 틈타 600명의 부대를 이끌고 강화 해협을 건넜지요.
그리고 몰래 정족산성으로 들어가 진을 치고 프랑스군을 기다렸어요.
조선군은 숨어 있다가 프랑스군이 다가오자 기습 공격을 했지요.
프랑스군은 크게 패배해 강화도를 점령한 지 한 달 만에 물러갔어요.

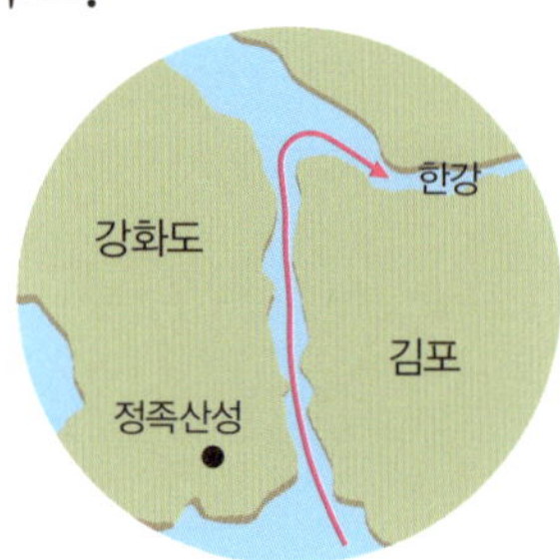

알쏭달쏭 바로알기

틀린 곳을 맞게 고쳐 쓰세요.

- 정족산성은 ~~거제도~~에 있는 산성입니다. (   )
- ~~강감찬~~ 장군은 정족산성에서 프랑스군과 싸웠습니다. (   )
- 정족산성 전투에서 진 뒤 ~~영국군~~은 강화도에서 물러났습니다. (   )

역사 용어 정리하기

□□□□ 전투는 병인양요 때 정족산성에서 프랑스군을 물리친 싸움입니다.

강화 초지진

강화도 남쪽 끝에 있는 군사 구역입니다

강화도는 바다 쪽에서 강을 타고 한양으로 올라올 수 있는 길목이며, 외적이 침입할 때는 피신처이기도 해서 예로부터 군사적으로 중요했어요. 병자호란 뒤에 강화도의 중요성을 더 깨닫고 진과 보를 여럿 설치했지요. 진은 군사적으로 중요한 특별 구역이고, 보는 흙과 돌로 쌓은 낮은 성을 말해요. 초지진은 강화도 가장 남쪽에 있는 군사 구역이어서 서양 세력이 침입했을 때 맨 먼저 공격을 당하는 곳이었지요.

알쏭달쏭 바로알기

틀린 곳을 맞게 고쳐 쓰세요.

- 강화도는 바다 쪽에서 ~~개성~~으로 올라오는 길목입니다. (　　　　)
- 초지진은 강화도의 가장 ~~북쪽~~에 있는 군사 구역입니다. (　　　　)
- ~~현~~은 군사적으로 중요한 특별 구역입니다. (　　　　)

역사 용어 정리하기

□□ □□□은 강화도 남쪽 끝에 있는 군사 구역입니다.

외규장각

정조가 왕실 서적을 보관하고자 강화도에 세운 규장각입니다

정조는 왕실 서적을 더 안전하게 관리하고자 강화도에 외규장각을 세웠어요.
외규장각이 세워지자 창덕궁 안의 규장각은 내규장각이라고 했지요.
병인양요 때 프랑스군은 외규장각 건물과 많은 책을 불태웠어요.
그리고 의궤를 비롯한 귀중한 책들을 프랑스로 가져갔지요.
우리나라는 프랑스 국립 도서관에 보관된 외규장각 책들을 돌려 달라고 요청했어요.
2011년에 프랑스가 빌려 주는 형식으로 외규장각 도서는 우리나라에 돌아왔답니다.

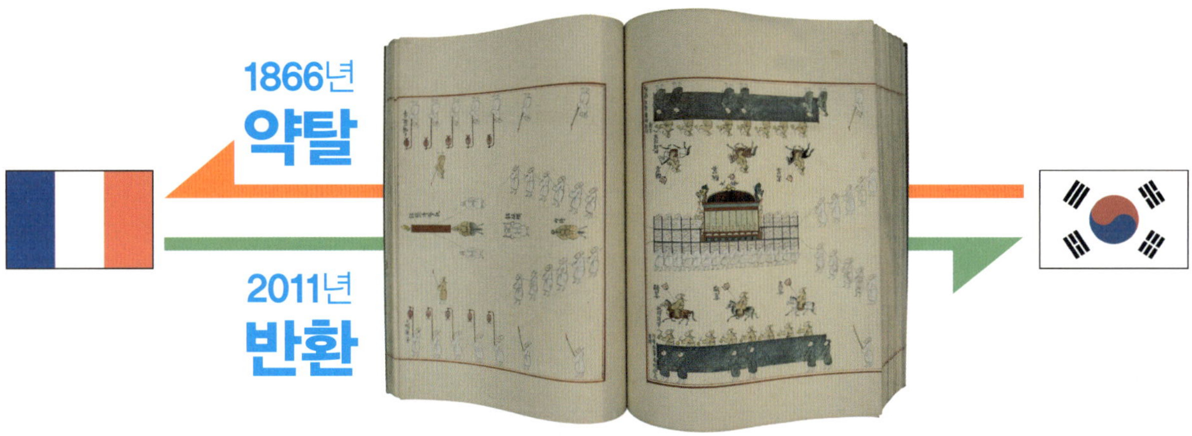

알쏭달쏭 바로알기

내용이 맞으면 ○표, 틀리면 X표를 하세요.

- 정조가 강화도에 외규장각을 세웠습니다. (　　)
- 외규장각 건물은 병인양요 때 불타 버렸습니다. (　　)
- 병인양요 때 일본군은 외규장각의 귀중한 책들을 가져갔습니다. (　　)

역사 용어 정리하기

□□□□은 정조가 왕실 서적을 보관하고자 강화도에 세운 규장각입니다.

오페르트 도굴 사건

독일 상인 오페르트가 남연군의 묘를 파헤치려던 사건입니다

도굴(盜掘)은 무덤을 몰래 파헤치는 걸 말해요.
오페르트는 중국에서 활동하던 독일 상인인데,
조선에 통상을 요구했다가 거절당하자 황당한 계획을 세웠지요.
충청도 덕산에 있는, 흥선 대원군의 아버지인 남연군의 묘를 파헤치기로 했어요.
조선 사람들이 조상을 숭배하는 줄 알고 흥선 대원군과 흥정하려 한 거지요.
1868년, 오페르트는 사람들을 이끌고 가서 묘를 팠으나 실패했어요.
흥선 대원군은 크게 분노했고, 서양과 절대 통상하지 않겠다고 했어요.

알쏭달쏭 바로알기

틀린 곳을 맞게 고쳐 쓰세요.

- 남연군의 묘는 ~~고종~~의 아버지인 남연군의 무덤입니다. (   )
- 독일 상인 ~~오페라~~는 남연군의 묘를 도굴하려고 했습니다. (   )
- 오페르트는 ~~남해군~~ 시신을 미끼로 통상을 흥정하려 했습니다. (   )

역사 용어 정리하기

□□□□ 도굴 사건은 오페르트가 남연군의 묘를 파헤치려던 사건입니다.

제너럴 셔먼호 사건

제너럴 셔먼호가 평양에서 통상을 요구하며 일으킨 사건입니다

제너럴 셔먼호는 미국의 장삿배예요. 1866년 7월, 제너럴 셔먼호는 대동강을 거슬러 평양까지 올라와 통상을 요구했어요. 평양에서는 외국 배가 들어오는 것은 불법이라며 돌아가라고 했지요. 제너럴 셔먼호의 승무원들은 대포를 쏘며 난동을 부렸어요. 그 과정에서 조선 군인과 백성이 총에 맞아 죽자 성난 평양 백성이 몰려들었어요. 평안 감사 박규수의 지휘 아래 군인과 백성들이 제너럴 셔먼호를 불살라 침몰시켰어요.

알쏭달쏭 바로알기

틀린 곳을 맞게 고쳐 쓰세요.

- 제너럴 셔먼호는 프랑스의 장삿배입니다. (　　　　　)
- 제너럴 셔먼호는 한강을 거슬러 평양까지 올라왔습니다. (　　　　　)
- 강화 백성들이 제너럴 셔먼호를 불태웠습니다. (　　　　　)

역사 용어 정리하기

☐☐☐ ☐☐☐ 사건은 제너럴 셔먼호가 평양에서 일으킨 사건입니다.

신미양요

제너럴 셔먼호 사건을 구실로 미국이 강화도를 침입한 사건입니다

신미년인 1871년에 서양이 일으킨 소란(양요)이라는 뜻이에요.
미국은 제너럴 셔먼호 사건을 구실로 군함을 보내 강화도에 쳐들어왔어요.
군함을 보내 일본을 개항시켰기 때문에 조선도 힘으로 개항시키려 했지요.
조선 정부가 물러가라고 했지만 미국은 초지진, 덕진진, 광성보를 차례로 점령했어요.
그러나 조선 정부가 끝까지 통상 요구에 응하지 않고 버티자
조선이 결코 개항하지 않으리라 판단해 강화도에서 물러났어요.

군함 5척

군인 1,200여 명

알쏭달쏭 바로알기

두 단어 중 맞는 것에 ○표 하세요.

- 신미양요는 (병인년, 신미년)에 서양이 일으킨 소란이라는 뜻입니다.
- 미국은 (제너럴 셔먼호, 병인박해) 사건을 구실로 강화도에 쳐들어왔습니다.
- 신미양요 때 조선은 (미국, 일본)의 통상 요구를 거부했습니다.

역사 용어 정리하기

□□□□는 제너럴 셔먼호 사건을 구실로 미국이 강화도를 침입한 사건입니다.

광성보 전투

신미양요 때 광성보에서 조선군이 미군에 맞서 싸운 전투입니다

광성보는 광성진에 있는 보(흙과 돌로 쌓은 낮은 성)예요.
신미양요 때 미군은 초지진과 덕진진을 점령하고 광성진으로 갔어요.
어재연이 이끄는 조선군 600여 명은 목숨을 걸고 싸웠어요.
어재연은 앞장서 싸우다 총에 맞아 죽었고, 무기가 떨어진 군인은 흙덩이를 던졌어요.
항복하지 않으려 스스로 바다에 빠져 죽은 군인도 있었어요.
광성보 전투는 살아남은 조선군이 거의 없을 정도로 처절했어요.
미군은 광성보 전투에서 목숨을 바쳐 싸운 조선군의 용기에 크게 놀랐지요.

미군 사망 3명 **조선군 사망 350여 명**

알쏭달쏭 바로알기

틀린 곳을 맞게 고쳐 쓰세요.

- 광성보 전투는 병인양요 때 일어났습니다. (   )
- 신미양요 때 광성보를 지키던 장군은 심재연입니다. (   )
- 광성보 전투에서 조선군은 프랑스군에 맞서 싸웠습니다. (   )

역사 용어 정리하기

☐☐☐ 전투는 신미양요 때 광성보에서 미군에 맞서 싸운 전투입니다.

척화비

흥선 대원군이 서양을 배척하고자 전국에 세운 비석입니다

척화는 척화양이에서 나왔는데, 서양 오랑캐(양이洋夷)와
사이좋게 지내는(화和) 것을 거부하고 내친다(척斥)는 뜻이에요.
흥선 대원군은 병인양요와 신미양요를 겪은 뒤
서양과는 결코 통상하지 않겠다는 생각이 더욱 강해졌어요.
그래서 한양을 비롯해 전국 방방곡곡에 척화비를 세워 그 의지를 알렸지요.

알쏭달쏭 바로알기

틀린 곳을 맞게 고쳐 쓰세요.

- 개화란 서양과 사이좋게 지내는 것을 거부한다는 뜻입니다. (   )
- 척화비는 영조가(이) 전국 방방곡곡에 세웠습니다. (   )
- 척화비는 병인양요와 임진왜란 뒤에 세워졌습니다. (   )

역사 용어 정리하기

☐☐☐는 흥선 대원군이 서양을 배척하고자 전국에 세운 비석입니다.

고종

조선의 제26대 왕이자 대한 제국의 첫 번째 황제입니다

흥선 대원군의 둘째 아들로 어릴 적 이름은 이명복이에요.
12세에 즉위해 22세부터 직접 나라를 다스렸어요.
일본에 개항을 하고 개화 정책을 펴 부강한 나라를 만들고자 했어요.
청과 일본, 서양 여러 나라의 틈새에서 조선의 자주 독립을 유지하려고 노력했어요.
고종은 대한 제국을 선포하고, 스스로 황제가 되어 근대화 개혁을 서둘렀어요.
그러나 일본의 강요로 황제의 자리에서 물러났고, 순종이 뒤를 이었어요.

알쏭달쏭 바로알기

내용이 맞으면 ○표, 틀리면 X표를 하세요.

- 고종은 덕흥 대원군의 둘째 아들입니다. ( )
- 고종은 일본에 개항을 하고 개화 정책을 폈습니다. ( )
- 고종은 대한민국을 선포하고 스스로 황제가 되었습니다. ( )

역사 용어 정리하기

조선의 제26대 왕이자 대한 제국의 첫 번째 황제는 ☐☐입니다.

개화파

서양과 통상하고 서양 문화를 받아들이자고 주장한 세력입니다

개화는 중국 경전인 《주역》에서 비롯된 말로,
지혜가 열려 새로운 사상, 문물, 제도를 가지게 된다는 뜻이에요.
개항을 전후로 서양 문화와 문물을 받아들여 근대화를 하자고 한 생각을 개화 사상이라 하고, 이런 생각을 한 사람을 개화파라고 해요.
조선 후기 실학과 북학에서 영향을 받은 일부 양반과 중인이 개화파였어요.
개화파는 서양과 통상을 해야 한다고 주장했지요.

알쏭달쏭 바로알기

틀린 곳을 맞게 고쳐 쓰세요.

- ~~개혁~~은(는) 지혜가 열려 새로운 사상 등을 가진다는 뜻입니다. (　　　　　)
- 개화파는 실학과 ~~동학~~에서 영향을 받았습니다. (　　　　　)
- ~~척화파~~들은 서양과 통상을 해야 한다고 주장했습니다. (　　　　　)

역사 용어 정리하기

□□□는 서양과 통상하고 서양 문화를 받아들이자고 주장한 세력입니다.

박규수

개항에 찬성하고 외국과 통상을 하자고 한 개화파입니다

북학파를 이끌었던 박지원의 손자로 대표적인 개화파예요.
실학사상을 이어받았고, 개화 사상을 일으킨 선구자이지요.
진주 농민 봉기 때 조사관으로 가서 삼정 문란의 폐해를 직접 봤어요.
연행사로 여러 번 청나라를 오가면서 세상이 변하는 것도 알았지요.
고종에게 개항을 해서 부강한 나라를 만들어야 한다고 주장했어요.
결국 고종은 박규수 등 개화파의 주장을 받아들여 개항을 했답니다.

알쏭달쏭 바로알기

틀린 곳을 맞게 고쳐 쓰세요.

- 박규수는 북학파를 이끌었던 송시열의 손자입니다. (   )
- 박규수는 개화파로 척사 사상의 선구자입니다. (   )
- 박규수는 고종에게 쇄국을 해야 한다고 주장했습니다. (   )

역사 용어 정리하기

☐☐☐는 개항에 찬성하고 외국과 통상을 하자고 한 개화파입니다.

최익현

개항에 반대하고 외국과의 통상을 막으려 한 전통 유학자입니다

조선 후기의 대표적인 유학자로 품성이 매우 강직했어요.
흥선 대원군이 서원을 철폐하고 경복궁을 중건할 때엔 강하게 비판했지요.
서양 문물은 그릇되고 사악해 전통 사회를 무너뜨린다며
개항에 강하게 반대했어요.
그 뒤 일본이 우리나라의 권리를 하나씩 빼앗아 가자 의병을 일으켜 싸웠어요.
일본군에게 붙잡혀 쓰시마섬으로 끌려갔는데,
적이 주는 음식은 먹지 않겠다며 단식으로 항의하다 숨졌어요.

알쏭달쏭 바로알기

두 단어 중 맞는 것에 ○표 하세요.

- 최익현은 조선 후기의 전통 (실학자, 유학자)입니다.
- 최익현은 (서양, 동양) 문물이 전통 사회를 무너뜨린다며 개항에 반대했습니다.
- 최익현은 의병을 일으켜 싸우다 (쓰시마섬, 자바섬)으로 끌려갔습니다.

역사 용어 정리하기

□□□은 개항에 반대하고 외국과의 통상을 막으려 한 전통 유학자입니다.

운요호 사건

일본이 조선을 개항시키려고 일부러 일으킨 사건입니다

운요호(운양호雲揚號)는 일본의 군함 이름이에요.
1875년, 일본은 운요호를 이끌고 강화도 초지진으로 다가왔어요.
조선군은 돌아가라는 경고로 대포를 쏘았지요.
운요호는 기다렸다는 듯이 초지진 포대를 향해 대포를 쏘아 댔어요.
돌아가면서는 영종진(영종도)에 상륙하여 민가에 불을 지르며 횡포를 부렸고요.
일본은 조선에 개항을 요구하려고 일부러 운요호 사건을 일으켰답니다.

운요호

알쏭달쏭 바로알기

틀린 곳을 맞게 고쳐 쓰세요.

- 1875년 ~~중국~~의 운요호가 강화도 초지진에 다가왔습니다. (   )
- 운요호는 전쟁에 쓰이는 ~~상선~~입니다. (   )
- 일본은 조선을 ~~쇄국~~시키려고 운요호 사건을 일으켰습니다. (   )

역사 용어 정리하기

□□□ 사건은 일본이 조선을 개항시키려고 일부러 일으킨 사건입니다.

강화도 조약

조선이 일본에 개항한 조약으로 대표적인 불평등 조약입니다

조약의 정식 이름은 조일 수호 조규예요.
운요호 사건 다음 해인 1876년에 일본은 군함들을 앞세우고 와서 협상을 강요했어요.
운요호 사건으로 일본이 피해를 입었다며 이를 구실로 개항을 요구했지요.
조선은 강화도에서 여러 차례 회담을 벌여 조약을 맺고 개항을 하기로 했어요.
강화도 조약은 우리나라가 맺은 최초의 근대식 조약이면서 불평등 조약이에요.
불평등 조약은 힘이 약한 나라가 불리한 조건을 지도록 맺은 조약을 말해요.

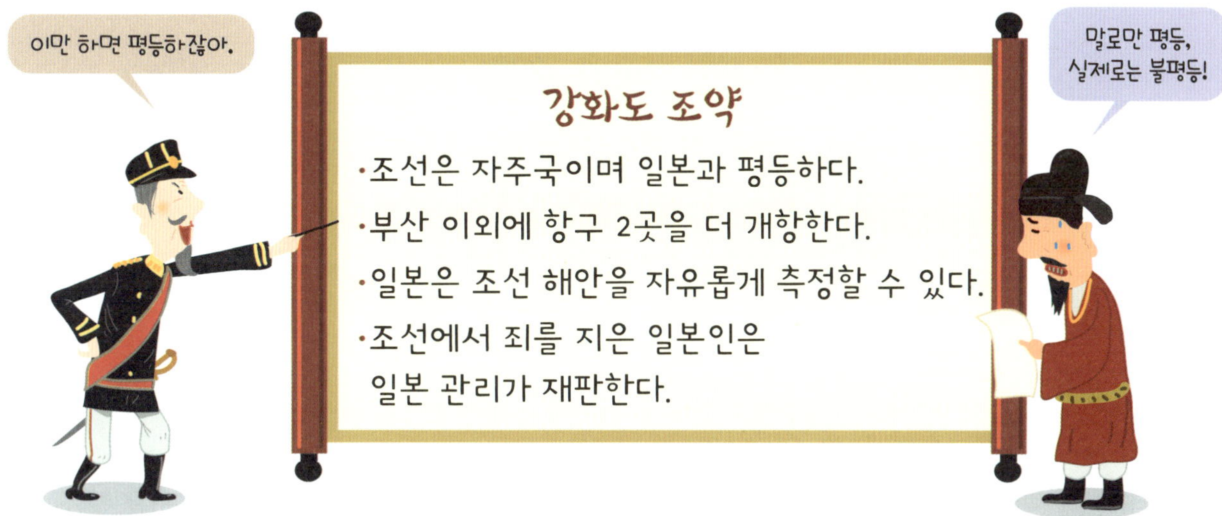

알쏭달쏭 바로알기

틀린 곳을 맞게 고쳐 쓰세요.

- 일본은 ~~제너럴 셔먼호~~ 사건을 구실로 개항을 요구했습니다. (　　　　)
- 강화도 조약으로 조선은 ~~쇄국~~을 하게 되었습니다. (　　　　)
- 강화도 조약은 최초의 근대식 조약이면서 ~~평등~~ 조약입니다. (　　　　)

역사 용어 정리하기

□□□ 조약은 조선이 일본에 개항한 조약으로 대표적인 불평등 조약입니다.

수신사
영선사
별기군
임오군란
갑신정변
우정국
김옥균
동학 농민 운동
전봉준
고부 농민 봉기
백산 봉기
황토현 전투
전주 화약

2 자주 독립을 위한 노력

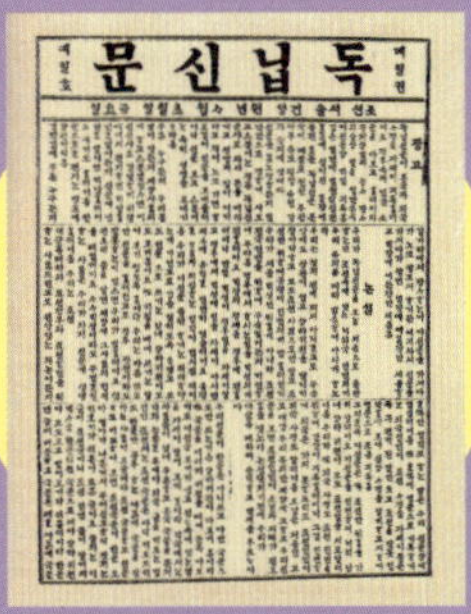

청·일 전쟁
갑오개혁
도량형 통일
우금치 전투
삼국 간섭
명성 황후
을미사변
태양력 사용
아관 파천
독립 협회
독립문
만민 공동회
광산 채굴권
철도 부설권

수신사

근대 문물을 배우고자 일본에 보낸 외교 사절단입니다

수신사는 신뢰를 두텁게 하고자 보내는 외교 사절이라는 뜻이에요.
조선이 일본에 보낸 사신인 통신사를 강화도 조약 뒤에 수신사로 고쳐 부른 거죠.
강화도 조약을 맺고서 조선은 일본에 수신사를 보내 근대 문물을 둘러보게 했어요.
수신사는 일본에 가서 근대적인 정부 기구와 산업 시설, 문화 시설 등을 살펴보고 발전된 일본의 모습에 놀랐지요.
두 차례에 걸친 수신사의 보고를 듣고, 고종은 개화 정책을 실시하기로 했어요.

1차 수신사
파견 연도 : 1876년
단장 : 김기수

2차 수신사
파견 연도 : 1880년
단장 : 김홍집

알쏭달쏭 바로알기

틀린 곳을 맞게 고쳐 쓰세요.

- 수신사는 ~~연행사~~를 고쳐 부른 말입니다. (　　　　)
- 조선 정부는 ~~중국~~에 수신사를 보냈습니다. (　　　　)
- 수신사는 일본에서 ~~전통~~ 문물을 둘러봤습니다. (　　　　)

역사 용어 정리하기

근대 문물을 배우고자 일본에 파견한 외교 사절단을 □□□라고 합니다.

영선사

개항 이후 청나라에 군사 유학생을 이끌고 간 사절단입니다

거느릴 영(領), 뽑힌 사람 선(選), 사신 사(使),
선발된 유학생을 이끌고 가는 사신이란 뜻이에요.
조선 정부는 개화 정책을 펴면서 청나라에서도 신식 문물을 배우려 했어요.
특히 신식 무기를 만들고 사용하는 방법을 습득하기로 했지요.
1881년 김윤식이 유학생들을 데리고 청나라로 떠났어요.
유학생들은 1년여 동안 청나라 톈진 기기국에서
무기 제조에 관련된 기술을 배우고 돌아왔답니다.

파견 기간 약 1년
1881년 9월 ~ 1882년 10월

알쏭달쏭 바로알기

틀린 곳을 맞게 고쳐 쓰세요.

- 영선사란 선발된 ~~여학생~~을 이끌고 가는 사신이란 뜻입니다. (　　　　　)
- 영선사는 ~~일본~~으로 간 사절단입니다. (　　　　　)
- 영선사가 이끌고 간 유학생들은 ~~악기~~ 제조법을 배웠습니다. (　　　　　)

역사 용어 정리하기

□□□는 개항 이후 청나라에 군사 유학생을 이끌고 간 사절단입니다.

별기군

정부가 개화 정책을 펴면서 처음 만든 근대식 군대입니다

특별한(별別) 기술(기技)을 갖춘 군대(군軍)라는 뜻이에요.
1881년에 정부는 개화 정책의 하나로 별기군이라는 군대를 새로 만들었어요.
구식 군대에서 신체가 건강한 지원자 80여 명을 특별히 뽑았지요.
신식 소총으로 무장했고, 일본인 교관에게 신식 훈련을 받았어요.
구식 군대보다 대우가 좋아 급료도 꼬박꼬박 받고, 옷과 장비도 지급받았지요.
별기대라고도 했고, 일본인 교관에게 훈련을 받아 왜별기라고도 했어요.

알쏭달쏭 바로알기

두 단어 중 맞는 것에 ○표 하세요.

• (별기군, 별무반)이란 특별한 기술을 갖춘 군대라는 뜻입니다.

• 조선 정부는 1881년에 (구식 군대, 신식 군대)인 별기군을 만들었습니다.

• 별기군은 일본인 교관이 가르쳐 (왜별기, 청별기)라고 불렀습니다.

역사 용어 정리하기

정부가 개화 정책을 펴면서 처음 만든 근대식 군대는 ☐☐☐입니다.

임오군란

개화 정책에 반발해 구식 군대가 일으킨 난리입니다

임오년인 1882년에 군인이 일으킨 난리(군란軍亂)라는 뜻이에요.
구식 군대는 신식 군대인 별기군과의 차별 대우에 불만이 쌓였어요.
급료도 1년 치나 밀려 있었는데 그나마 받은 쌀에 겨와 모래가 잔뜩 섞여 있었지요.
구식 군인들은 들고일어나 일본인 교관을 죽이고 일본 공사관을 불태웠어요.
조선 정부의 요청으로 청나라 군대가 와서 난리를 진압하면서 끝이 났지요.
이 사건 뒤에 청나라는 조선 정치에 심하게 간섭했어요.

알쏭달쏭 바로알기

틀린 곳을 맞게 고쳐 쓰세요.

- 임오군란은 임오년에 ~~신식~~ 군인이 일으킨 난리라는 뜻입니다. (　　　　)
- 임오군란은 ~~일본~~ 군대가 진압했습니다. (　　　　)
- 임오군란 뒤에 청나라는 ~~일본~~ 정치에 심하게 간섭했습니다. (　　　　)

역사 용어 정리하기

□□□□은 개화 정책에 반발해 구식 군대가 일으킨 난리입니다.

갑신정변

급진 개화파가 근대적인 정부를 세우려고 일으킨 정치 사건입니다

갑신년인 1884년에 일어난 큰 정치 변동(정변政變)이라는 뜻이에요.
임오군란 뒤에 청나라는 조선의 개화 정책을 방해하고 정치에 개입했어요.
김옥균 등 급진 개화파들은 다급해져 힘으로 권력을 잡기로 했지요.
우정국 개국을 축하하는 잔치를 틈타 군인을 이끌고 개화 반대 세력을 없앴어요.
이들은 새 정부를 꾸리고 14개 조항으로 된 정치 개혁안도 내걸었지요.
청나라 군대가 진압하면서 3일 만에 끝났고, 주동자들은 처형당하거나 망명했어요.

갑신정변 개혁안

- 청나라에 대한 조공을 폐지한다.
- 탐관오리를 처벌한다.
- 능력에 따라 관리를 임명한다.
- 조세 제도를 개혁한다.

알쏭달쏭 바로알기

틀린 곳을 맞게 고쳐 쓰세요.

- 갑신정변은 김옥균 등 급진 ~~척화파~~ 관리들이 일으켰습니다. (　　　　　)
- 갑신정변은 ~~박문국~~ 개국 축하 잔치에서 일어났습니다. (　　　　　)
- 갑신정변은 ~~일본~~ 군대의 진압으로 3일 만에 끝이 났습니다. (　　　　　)

역사 용어 정리하기

□□□□은 급진 개화파가 근대적인 정부를 세우려고 일으킨 정치 사건입니다.

우정국

근대식 우편 업무를 맡아보던 최초의 우체국입니다

우편 우(郵), 행정 정(政), 관청 국(局), 우편 행정을 다루는 관청이라는 뜻이에요.
오늘날의 우체국처럼 우표를 찍고 우편을 배달했어요.
우정국이 개국 잔치를 하는 날에 급진 개화파가 이곳에서 갑신정변을 일으켰어요.
이즈음 개혁 정책에 따라 우정국 말고도 박문국, 전환국 등 근대 관청이 세워졌어요.
박문국에서는 최초의 신문 한성순보를 찍었고, 전환국에서는 근대 화폐를 찍었어요.
또한 기기창을 세워 근대 무기도 만들었답니다.

알쏭달쏭 바로알기

내용이 맞으면 ○표, 틀리면 X표를 하세요.

- 우정국은 오늘날의 우체국입니다. (　　)
- 개화 정책으로 만든 근대 관청은 우정국, 박문국 등이 있습니다. (　　)
- 전환국에서는 최초의 신문 한성순보를 찍었습니다. (　　)

역사 용어 정리하기

□□□은 근대식 우편 업무를 맡아보던 최초의 우체국입니다.

김옥균

갑신정변을 주도한 젊은 개화파 관리입니다

김옥균은 청년 시절 박규수의 사랑방에서 개화 사상을 배웠어요.
과거에 급제해 관리가 되었고, 근대화된 일본의 모습을 살피고 돌아왔지요.
일본을 본받아 조선도 근대 국가로 세우고자 개화 정책을 펼쳐 나갔어요.
임오군란 뒤에 청나라가 간섭해 개화 정책이 방해받자,
박영효, 서광범, 홍영식, 서재필 등 젊은 개화파들과 함께 갑신정변을 일으켰어요.
갑신정변이 실패하자 일본에 망명했다가 그 뒤 중국에서 조선 사람에게 암살당했어요.

알쏭달쏭 바로알기

틀린 곳을 맞게 고쳐 쓰세요.

- 김옥균은 박규수에게 실학사상을 배웠습니다. (　　　　　)
- 김옥균은 조선을 고대 국가로 세우고자 했습니다. (　　　　　)
- 김옥균은 젊은 개화파들과 함께 임오군란을 일으켰습니다. (　　　　　)

역사 용어 정리하기

□□□은 젊은 개화파 관리로 갑신정변을 주도했습니다.

동학 농민 운동

정치를 바로잡고 외세 침략에 맞서려고 일어난 농민 운동입니다

고부 농민 봉기 1894년 1월 → **백산 봉기** 1894년 3월 → **황토현 전투** 1894년 4월 → **전주 화약** 1894년 5월 → **청일 전쟁** 1894년 6월 → **우금치 전투** 1894년 11월

개항 이후 값싼 외국 공산품에 조선 사람이 생산하는 물품은 밀리고, 곡물은 외국으로 빠져나가 백성들은 살기가 어려워졌어요. 정부는 힘도 없는데다 엉망이었고, 탐관오리는 농민들을 쥐어짰지요.

그러자 1894년에 동학교도와 농민들이 사회를 바꾸어야 한다며 함께 일어났어요.

농민군은 전라도와 충청도 지역을 휩쓸었고 자치 기구도 만들었어요.

일본군과 관군이 대대적으로 진압하여 동학 농민 운동은 1년 만에 끝났어요.

알쏭달쏭 바로알기

틀린 곳을 맞게 고쳐 쓰세요.

- 동학 농민 운동은 ~~1994년~~에 일어났습니다. (　　　　)
- 동학 농민 운동은 동학교도와 ~~상인~~이 함께 일으켰습니다. (　　　　)
- 동학 농민 운동은 ~~청군~~과 관군의 진압으로 끝났습니다. (　　　　)

역사 용어 정리하기

☐☐ 농민 운동은 정치를 바로잡고 외세의 침략에 맞서려고 일어났습니다.

전봉준

녹두 장군으로 불리며 동학 농민 운동을 이끈 지도자입니다

어린 시절 몸집이 작아 녹두라고 불려서 뒤에 녹두 장군이라는 별명을 얻었어요. 동학에 들어가 여러 사람을 모아 고부 지역의 동학 지도자가 되었어요. 1894년에 고부 군수의 횡포에 맞서 농민들과 함께 처음 들고일어났어요. 이후 동학 농민 운동을 이끌었고 집강소를 세워 전라도 지역에서 개혁을 펼쳤어요. 그러나 우금치 전투에서 진 뒤에 체포되어 서울에서 처형당했어요.

알쏭달쏭 바로알기

두 단어 중 맞는 것에 ○표 하세요.

- 전봉준은 몸집이 작아 (녹두, 대두) 장군이라 불렸습니다.
- 전봉준은 (명학소, 집강소)를 세워 개혁을 펼쳤습니다.
- 전봉준은 (우금치, 황토현) 전투에서 진 뒤에 체포되었습니다.

역사 용어 정리하기

녹두 장군 □□□은 동학 농민 운동을 이끌었습니다.

고부 농민 봉기

고부에서 일어난 봉기로 동학 농민 운동이 시작된 사건입니다

전라도 고부 군수 조병갑은 탐관오리로 악명이 높았어요. 저수지인 만석보가 있는데도 농민들을 강제로 동원해 새로 쌓게 하고는 물세를 받아 갔지요. 또 제멋대로 세금을 만들어 거두었고, 죄를 씌어 돈도 뜯어냈어요. 참다못한 전봉준과 농민들이 들고일어나 고부 관아를 점령했어요. 그리고 불법으로 걷은 곡식은 가난한 이에게 나누어 주고, 억울한 죄인은 풀어 주었으며, 만석보는 허물어 버렸답니다.

알쏭달쏭 바로알기

틀린 곳을 맞게 고쳐 쓰세요.

- 전라도 ~~고창~~ 군수 조병갑은 탐관오리로 악명이 높았습니다. (   )
- 조병갑은 ~~만우보~~를 새로 쌓게 하고는 물세를 받았습니다. (   )
- ~~고봉준~~과 농민들은 조병갑의 횡포에 맞서 들고일어났습니다. (   )

역사 용어 정리하기

고부에서 일어난 □□ 농민 봉기는 동학 농민 운동의 시작이 된 사건입니다.

백산 봉기

동학 농민 운동 때 일어난 농민군이 함께 모인 사건입니다

백산은 전라북도 부안에 있는 야트막한 산입니다.
고부 농민 봉기 뒤에 정부는 농민들을 역적으로 몰았어요.
화가 난 전봉준은 다른 지역의 동학교도와 손잡고 농민군을 조직했어요.
농민군이 곳곳에서 들고일어났고, 수천 명이 백산에 함께 모였지요.
이들은 '난폭한 정치를 끝내고 백성을 구한다(제폭구민)' 등을 선언했어요.
전봉준은 총대장이 되어 농민군을 이끌었지요.

알쏭달쏭 바로알기

틀린 곳을 맞게 고쳐 쓰세요.

- 천주교도와 농민이 합쳐 동학 농민군을 만들었습니다. (　　　　　)
- 전봉준과 동학 농민군 수천 명은 흑산에 함께 모였습니다. (　　　　　)
- 동학 농민군의 총대장은 김옥균이었습니다. (　　　　　)

역사 용어 정리하기

☐☐ ☐☐는 동학 농민 운동 때 농민군이 처음으로 함께 모인 사건입니다.

승

황토현 전투

동학 농민군이 관군과 맞붙어 승리한 첫 전투입니다

황토현은 전라북도 정읍에 있는 낮은 고개(현峴)로 황토재라고도 합니다.
백산에 모인 농민군이 진격한다는 소식을 듣고,
전라 감영(도 관찰사가 있던 관청)에서 관군을 보냈어요.
농민군은 관군과 맞붙다가 도망가는 척하며 황토현으로 물러났지요.
황토현 근처까지 농민군을 쫓아온 관군은 방심하고는 잠이 들었어요.
농민군은 한밤중에 소리 없이 관군을 에워싸 순식간에 공격해 승리했어요.

알쏭달쏭 바로알기

내용이 맞으면 ○표, 틀리면 X표를 하세요.

- 동학 농민군을 진압하고자 전라 감영에서 관군을 보냈습니다. (　　)
- 동학 농민군은 황토현에서 청군과 싸웠습니다. (　　)
- 황토현 전투는 농민군이 승리하였습니다. (　　)

역사 용어 정리하기

□□□ 전투는 동학 농민군이 관군과 맞붙어 승리한 첫 전투입니다.

전주 화약

동학 농민군과 조선 정부가 전주에서 맺은 약속입니다

화약이란 화목하게(화和) 지내자는 약속(약約)이에요.
동학 농민군이 전주성을 점령하자 다급해진 조선 정부는 청나라 군대를 불렀어요. 이에 일본 군대도 이때다 하고 조선에 들어왔지요. 농민군은 청군과 일본군이 물러가게 하려고 정부와 화약을 맺었어요.
조선 정부는 동학 농민군이 내민 개혁안을 실천하기로 약속했어요.
고향으로 돌아간 동학 농민군은 마을마다 자치 기구인 집강소를 만들어 스스로 개혁을 실시해 나갔어요.

알쏭달쏭 바로알기

틀린 곳을 맞게 고쳐 쓰세요.

- 조선 정부는 농민군을 진압하고자 ~~미국~~ 군대를 불렀습니다. (　　　　　)
- 청나라 군대가 들어오자 ~~영국~~ 군대도 조선에 들어왔습니다. (　　　　　)
- 동학 농민군과 조선 정부는 ~~진주~~에서 화약을 맺었습니다. (　　　　　)

역사 용어 정리하기

□□ □□은 동학 농민군과 조선 정부가 전주에서 맺은 약속입니다.

청·일 전쟁

조선을 두고 청나라와 일본이 우리나라에서 벌인 전쟁입니다

동학 농민군이 전주 화약을 맺고 해산한 뒤에 일본군은 갑자기 경복궁을 점령했어요.
그러고는 조선에 들어와 있던 청나라 군대를 기습 공격해 전쟁을 벌였어요.
청나라와 일본은 다음 해까지 우리나라 곳곳에서 싸웠고,
일본이 압도적으로 이겼어요.
전쟁에 패한 청나라는 조선에서 완전히 손을 떼기로 했고,
일본은 청나라의 간섭 없이 조선을 쥐고 흔들 수 있게 되었어요.

전쟁 기간 9 개월

1894년 6월~1895년 3월

알쏭달쏭 바로알기

틀린 곳을 맞게 고쳐 쓰세요.

- ~~영국~~은 경복궁을 점령한 뒤에 청나라와 전쟁을 벌였습니다. (　　　　)
- 청·일 전쟁에서 ~~청나라~~가(이) 압도적으로 이겼습니다. (　　　　)
- 청·일 전쟁으로 ~~일본~~은(는) 조선에서 완전히 손을 뗐습니다. (　　　　)

역사 용어 정리하기

□□ □□은 조선을 두고 청나라와 일본이 우리나라에서 벌인 전쟁입니다.

갑오
개혁

갑오개혁

나라의 모든 제도를 근대적으로 바꾼 개혁입니다

갑오년인 1894년에 시행한 근대화 개혁이며, 갑오경장이라고도 하지요. 조선 정부는 전주 화약을 맺은 뒤 동학 농민군이 해산했으니 청나라와 일본에 군대를 철수하라고 했어요. 그러나 일본은 경복궁을 점령해 친일 개화파 정부를 세우고 개혁을 하게 했어요. 갑오개혁 내용은 낡은 제도를 버리고 근대적인 제도로 바꾸는 거예요. 동학 농민군이 주장한 내용도 많이 들어 있지요.

알쏭달쏭 바로알기

두 단어 중 맞는 것에 ○표 하세요.

- 갑오개혁은 (갑오년, 갑신년)인 1894년에 시행되었습니다.
- 갑오개혁은 (청나라, 일본)의 입김으로 시행했습니다.
- (갑신개혁, 갑오개혁) 때 과거 제도가 폐지되었습니다.

역사 용어 정리하기

□□□□은 나라의 모든 제도를 근대적으로 바꾼 개혁입니다.

도량형 통일

갑오개혁 때 측정 단위를 서양 기준으로 통일한 것을 말합니다

도량형은 길이·부피·무게 및 이를 재는 자·되·저울을 아울러 일컫는 말입니다. 도(度)는 길이 또는 길이를 재는 자, 양(量)은 부피 또는 부피를 재는 되, 형(衡)은 무게 또는 무게를 재는 저울을 뜻하지요.
갑오개혁 때 기존의 도량형을 모두 서양의 미터법을 기준으로 통일했어요. 당시 일본과 서양은 미터법을 썼는데 우리나라도 거기에 맞추게 되면서 우리나라와 거래하는 나라들이 많이 편리해지게 되었죠.

알쏭달쏭 바로알기

틀린 곳을 맞게 고쳐 쓰세요.

- 길이, 부피, 무게 및 이를 재는 도구를 ~~천리경~~이라고 합니다. (　　　　　　)
- 도량형의 도는 길이를 재는 ~~저울~~을(를) 뜻합니다. (　　　　　　)
- ~~갑신정변~~ 때 도량형을 서양의 미터법으로 통일했습니다. (　　　　　　)

역사 용어 정리하기

□□□ 통일은 갑오개혁 때 측정 단위를 서양 기준으로 통일한 것입니다.

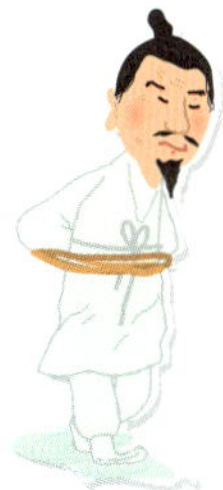

우금치 전투

동학 농민군이 우금치에서 일본군에 패배한 싸움입니다

일본이 우리나라에서 청·일 전쟁을 일으키고 정치에 간섭을 하자
동학 농민군은 일본을 몰아내자며 다시 들고일어났어요.
농민군은 충청도 논산에 모두 모여 한성으로 올라가다
공주 우금치 고개에서 일본군 및 관군이랑 맞붙게 되었어요.
죽창을 든 농민군은 총과 대포 등으로 무장한
일본군을 당할 수 없었어요.
농민군이 우금치에서 패배하면서 전봉준 등
지도자들은 체포되고 동학 농민 운동은 끝이 났어요.

새야 새야 파랑새야
녹두밭에 앉지 마라.
녹두꽃이 떨어지면
청포 장수 울고 간다.

알쏭달쏭 바로알기

틀린 곳을 맞게 고쳐 쓰세요.

- 동학 농민군은 청나라를(을) 몰아내자며 다시 일어섰습니다. (　　　　　)
- 동학 농민군과 일본군은 공주 시금치 고개에서 맞붙었습니다. (　　　　　)
- 농민군이 패배하면서 서학 농민 운동은 끝났습니다. (　　　　　)

역사 용어 정리하기

□□□ 전투는 동학 농민군이 우금치에서 일본군에 패배한 싸움입니다.

삼국 간섭

1895년에 러시아, 프랑스, 독일이 일본에 간섭한 일을 말합니다

일본은 청·일 전쟁에서 승리해 청나라의 랴오둥 반도까지 차지했어요.
그러자 러시아, 프랑스, 독일이 나서서
일본에 랴오둥 반도를 청나라에 돌려주라고 했어요.
세 나라 모두 청나라와 조선에 잔뜩 눈독을 들이고 있었는데
일본의 힘이 갑자기 커지자 막으려고 재빨리 나선 거죠.
세 나라가 한목소리로 간섭하자 일본은 어쩔 수 없이 랴오둥 반도를 포기했어요.

알쏭달쏭 바로알기

내용이 맞으면 ○표, 틀리면 X표를 하세요.

- 일본은 청·일 전쟁에서 승리해 산둥 반도를 차지했습니다. ( )
- 러시아, 프랑스, 영국이 청·일 전쟁 뒤에 일본에 간섭했습니다. ( )
- 삼국 간섭으로 일본은 청나라에 랴오둥 반도를 돌려주었습니다. ( )

역사 용어 정리하기

□□ □□은 1895년에 러시아, 프랑스, 독일이 일본에 간섭한 일입니다.

명성 황후

고종의 비이며 순종의 어머니입니다

성은 민씨이고, 16세에 15세의 고종과 결혼했어요. 이름 있는 가문 출신이지만 아버지가 일찍 돌아가셔서 외척을 꺼려한 흥선 대원군이 며느리로 선택했지요. 명성 황후는 흥선 대원군이 물러난 뒤 고종과 함께 개화 정책을 폈어요. 일본을 막으려고 러시아를 끌어들이기도 했지요. 명성 황후가 러시아와 손잡자 일본은 명성 황후를 살해했어요. 뒤에 고종이 대한 제국을 세우고 황제가 되면서 왕후에서 황후로 높여 주었어요.

알쏭달쏭 바로알기

틀린 곳을 맞게 고쳐 쓰세요.

- 명성 황후의 성은 ~~김씨~~입니다. (   )
- 명성 황후는 고종과 함께 ~~쇄국 정책~~을 폈습니다. (   )
- ~~청나라~~가(이) 명성 황후를 살해했습니다. (   )

역사 용어 정리하기

□□ □□는 고종의 비이며 순종의 어머니입니다.

을미사변

일본이 고종의 비인 명성 황후를 죽인 사건입니다

을미년인 1895년에 일어난 엄청 큰 사건(사변事變)이란 뜻이에요.
명성 황후 시해 사건이라고도 하는데, 시해는 윗사람을 죽이는 것을 말해요.
삼국 간섭으로 조선에서 일본의 힘이 주춤해지자
고종과 왕비 민씨는 러시아의 힘을 빌려 일본 세력을 몰아내려고 했어요.
위기를 느낀 일본은 군인과 무뢰배들을 시켜 왕과 왕비의 처소인
건청궁(경복궁 안에 있는 건물)을 침입해 명성 황후를 죽이고,
시신까지 불태워 버렸어요.

알쏭달쏭 바로알기

틀린 곳을 맞게 고쳐 쓰세요.

- 을미사변은 ~~갑오년~~에 일어난 큰 사건이라는 뜻입니다. (　　　　　)
- 삼국 간섭 이후 왕비 민씨는 ~~영국~~을 몰아내려고 했습니다. (　　　　　)
- ~~독일~~은 건청궁에 침입해 조선의 왕비를 죽였습니다. (　　　　　)

역사 용어 정리하기

□□□□은 고종의 비인 명성 황후를 일본이 죽인 사건입니다.

태양력 사용

을미개혁에서 태음력 대신 태양력을 사용하게 한 것을 말합니다

일본은 1895년에 을미사변을 저지른 뒤 친일 내각을 세우고 개혁을 하게 했는데, 이를 을미개혁이라고 해요.
상투를 자르라는 단발령과 태음력 대신 태양력을 쓰라는 것이 주요 내용이었어요.
태음력은 달을 기준으로, 태양력은 태양을 기준으로 날짜를 세어요.
당시 서양과 일본은 태양력을 썼는데, 조선도 거기에 맞추도록 한 거지요.
태양력에 따라 1895년 11월 17일(음력)이 1896년 1월 1일(양력)이 되었어요.

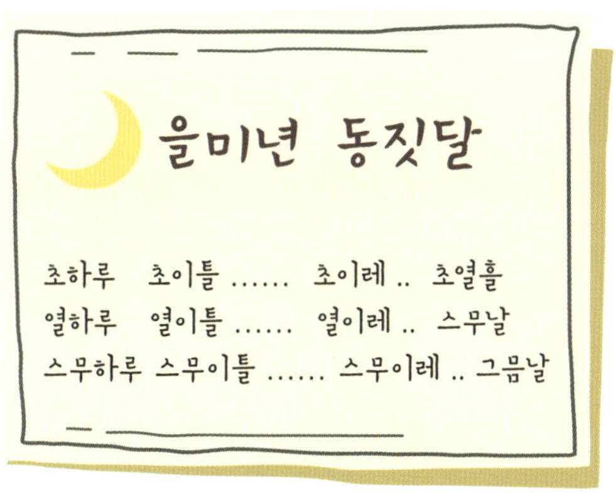

태음력

태양력

알쏭달쏭 바로알기

두 단어 중 맞는 것에 ○표 하세요.

- 을미사변 뒤에 일본은 (갑오개혁, 을미개혁)을 하게 했습니다.
- 태양력은 (태양, 달)을 기준으로 날짜를 셉니다.
- 을미개혁 이전에 조선은 (태양력, 태음력)을 썼습니다.

역사 용어 정리하기

☐☐☐ 사용은 을미개혁에서 태음력 대신 태양력을 사용하게 한 일입니다.

아관 파천

고종이 경복궁에서 러시아 공사관으로 거처를 옮긴 사건입니다

아관(俄館)은 아라사 공사관, 파천(播遷)은 왕이 처소를 옮긴다라는 뜻이에요.
이때는 러시아를 아라사(俄羅斯) 또는 노서아(露西亞)라고 했어요.
일본이 왕비 민씨를 죽이고 친일 내각까지 세우자 고종은 불안했어요.
고종은 러시아와 친한 친러파 대신들과 의논해
1896년 2월 새벽에 경복궁을 빠져나와 러시아 공사관으로 거처를 옮겼어요.
이후 러시아 공사관에서 지내다 1년여 만에 경운궁으로 돌아왔지요.

알쏭달쏭 바로알기

틀린 곳을 맞게 고쳐 쓰세요.

- 아관이란 아라사 공사관, 즉 ~~프랑스~~ 공사관을 말합니다. (　　　　　)
- 러시아와 친한 정치 세력을 ~~친일파~~라고 부릅니다. (　　　　　)
- 고종은 ~~중국~~을 피해 러시아 공사관으로 피신했습니다. (　　　　　)

역사 용어 정리하기

□□ □□은 고종이 경복궁에서 러시아 공사관으로 거처를 옮긴 사건입니다.

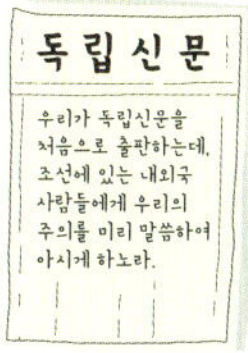

독립 협회

서재필을 비롯한 개화파가 자주 독립을 위하여 세운 단체입니다

조선의 왕비가 시해를 당하고, 왕이 러시아 공사관에 머물고 있으면서
나라의 자주권은 심하게 흔들리고 있었어요.
서재필을 비롯한 개화파는 독립 협회를 세우고,
나라의 자주권을 되찾고,
국민의 권리를 보호하고자 노력했어요.
독립 협회에는 높은 관리부터 천민까지
누구나 참여할 수 있었지요.
우리나라 최초의 민간 신문인
독립신문도 펴냈어요.
독립신문은 네 면이었는데,
세 면은 한글로,
한 면은 영어로 만들었어요.

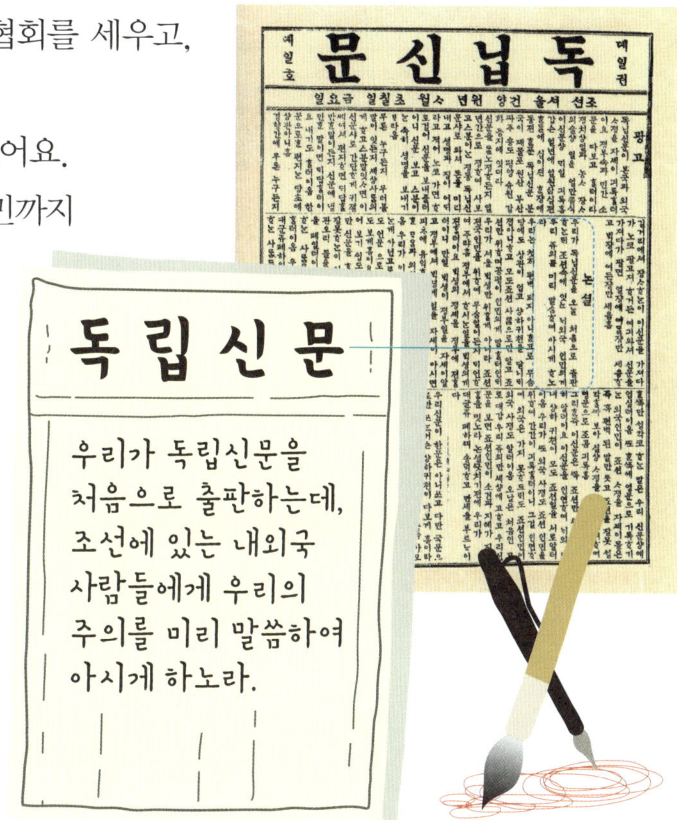

알쏭달쏭 바로알기

틀린 곳을 맞게 고쳐 쓰세요.

- 서재필과 개화파 지식인들이 황국 협회를 세웠습니다. (　　　　　　)
- 독립 협회는 나라의 사법권을 되찾고자 노력했습니다. (　　　　　　)
- 독립 협회가 펴낸 최초의 민간 신문은 자주신문입니다. (　　　　　　)

역사 용어 정리하기

□□ □□는 서재필과 개화파가 자주 독립을 위하여 세운 단체입니다.

독립문

독립 협회가 자주 독립의 의지를 드높이고자 세운 기념물입니다

독립 협회가 청나라 사신을 맞이하던 영은문을 헐고,
그 자리에 국민들의 성금을 모아 1897년에 세웠어요.
조선이 청나라의 속국이 아니라 자주 독립된 나라임을 널리 알리려는 뜻이었어요.
독립문은 프랑스 파리의 개선문을 본떠 만들었지요.
앞뒤로 독립문이라는 글자와 태극기를 새겨 넣어
독립에 대한 굳은 의지를 나타냈답니다.

알쏭달쏭 바로알기

내용이 맞으면 ○표, 틀리면 X표를 하세요.

- 독립 협회는 조선의 자주 독립을 알리고자 독립문을 세웠습니다. ( )
- 독립문은 영은문을 헐고 그 자리에 세웠습니다. ( )
- 독립문에는 독립문이라는 글자와 성조기를 새겨 넣었습니다. ( )

역사 용어 정리하기

□□□은 독립 협회가 자주 독립의 의지를 드높이고자 세운 기념물입니다.

만민 공동회

독립 협회가 주도하여 열린 대규모 대중 집회입니다

모든 백성(만민萬民)이 함께하는(공동共同) 대회(회會)라는 뜻이에요.
1898년에 서울 종로에서 여러 차례 열렸는데,
최초로 백성이 정치적 생각을 직접 말할 수 있었어요.
만민 공동회에는 다양한 계층의 사람들 수만 명이 모였어요.
러시아의 간섭이 심할 때는 이에 반대하는 목소리를 높여 고종이 받아들였어요.
처음엔 독립 협회가 주도했는데 점차 누구나 연단에 올라가 말했지요.
근대적인 의회 정치를 건의하자 고종이 독립 협회와 만민 공동회를 해산시켰어요.

알쏭달쏭 바로알기

틀린 곳을 맞게 고쳐 쓰세요.

- 만민 공동회는 ~~황국~~ 협회가 주도하여 열었습니다. (   )
- 만민 공동회는 서울 ~~테헤란로~~에서 열렸습니다. (   )
- 만민 공동회에서 주장하여 ~~일본~~의 간섭을 막았습니다. (   )

역사 용어 정리하기

□□ □□□는 독립 협회가 주도하여 열린 대규모 대중 집회입니다.

광산 채굴권

서양이 챙긴 이권으로 광물을 캘 권리를 말합니다

고종은 러시아 공사관에 머물 때 서양 강대국의 힘으로 일본을 물리치려 했어요. 서양 강대국들은 도와주는 척하며 자신들의 이권을 쏙쏙 챙겼는데, 이권이란 이익을 얻는 권리예요.
큰 이권 중 하나가 광산 채굴권으로 미국, 독일, 러시아 등이 권리를 얻었어요. 미국이 챙긴 운산 금광은 조선에서 나는 금의 4분의 1을 생산하는 곳이었어요. 미국은 운산 금광에서 40년 동안 총 900만 톤에 달하는 금을 캐 갔지요.

알쏭달쏭 바로알기

틀린 곳을 맞게 고쳐 쓰세요.

- 광산 채굴권은 미국, 독일, ~~스페인~~ 등이 얻었습니다. (   )
- 이권이란 ~~손해~~를(을) 얻을 수 있는 권리입니다. (   )
- ~~독일~~은 운산 금광에서 금을 채굴해 갔습니다. (   )

역사 용어 정리하기

서양이 챙긴 이권으로 광물을 캘 권리를 ☐☐ 채굴권이라고 합니다.

철도 부설권

일본이 챙긴 이권으로 철도를 놓을 권리를 말합니다

부설(敷設)이란 다리나 철도 등을 놓는다는 뜻이고,
철도 부설권이란 철도를 놓고 열차를 운행하여 얻는 이권을 말하지요.
처음에는 프랑스와 미국이 철도 부설권을 가져갔다가 금세 일본에 팔아넘겼어요.
그래서 조선의 철도 부설권은 일본이 모두 가지게 되었지요.
철도는 일본이 조선을 침략하는 데 발판이 된 근대 시설이에요.
철도를 통해 전쟁에 필요한 물자와 사람을
재빨리 이동시킬 수 있었지요.

알쏭달쏭 바로알기

두 단어 중 맞는 것에 ○표 하세요.

- 철도 부설권은 철도를 놓고 (기차, 버스)를 운행하여 얻는 이권을 말합니다.
- 조선의 철도 부설권은 (미국, 일본)이 모두 가졌습니다.
- 철도는 (일본, 영국)이 조선을 침략하는 데 발판이 되었습니다.

역사 용어 정리하기

일본이 챙긴 이권으로 철도를 놓을 권리를 ☐☐ 부설권이라고 합니다.

경운궁
대한 제국
환구단
광무개혁
덕수궁 석조전
전깃불
전화기
전차
기차
원산 학사

3 대한 제국과 근대 문물

육영 공원
배재 학당
이화 학당
소학교
선교사
광혜원
양장
단발
두루마기
남포등
유성기

경운궁

덕수궁의 옛 이름으로 고종이 마지막에 머물렀던 궁궐입니다

경운궁은 원래 왕족인 월산대군의 집이었어요.
임진왜란 때 궁궐이 모두 불타서 선조가 이곳에 지내게 되었어요.
뒤에 러시아 공사관으로 피신했던 고종도 경복궁 대신 경운궁으로 돌아왔어요.
당시 경복궁 일대는 일본군이 장악하고 있어 불안했지요.
이에 비해 경운궁 주변에는 서양 공사관들이 모여 있었어요.
1907년에 고종이 물러나면서 덕수궁으로 이름이 바뀌었어요.

알쏭달쏭 바로알기

틀린 곳을 맞게 고쳐 쓰세요.

- 고종은 러시아 공사관에서 ~~경복궁~~으로 돌아왔습니다. (   )
- 경운궁 주변에는 ~~동양~~ 공사관들이 모여 있었습니다. (   )
- 경운궁은 1907년에 ~~창덕궁~~으로 이름이 바뀌었습니다. (   )

역사 용어 정리하기

□□□은 덕수궁의 옛 이름으로 고종이 마지막에 머물렀던 궁궐입니다.

대한 제국

고종이 황제의 나라를 선포하며 바꾼 나라 이름입니다

고종은 경운궁으로 돌아온 뒤 자주 독립된 나라를 세워야겠다고 마음먹었어요.
황제의 나라로 높여 다른 나라에 휘둘리지 않으려 했지요.
1897년 10월, 고종은 환구단에서 하늘에 제사를 지내고 황제 자리에 올랐어요.
500년을 이어 왔던 '조선'이라는 나라 이름도 '대한 제국'으로 바꾸었지요.
대한은 마한, 진한, 변한의 삼한 시대부터 우리나라를 상징하는 이름인
한(韓)이란 글자에, 크다라는 뜻의 대(大)란 글자를 붙인 말이에요.
제국이란 황제가 다스리는 나라라는 뜻이지요.

알쏭달쏭 바로알기

틀린 곳을 맞게 고쳐 쓰세요.

- 고종은 사~~직~~단에서 제사를 올리고 황제 자리에 올랐습니다. (   )
- 고종은 대한~~민~~국으로 나라 이름을 바꾸었습니다. (   )
- 제국이란 ~~왕~~이(가) 다스리는 나라라는 뜻입니다. (   )

역사 용어 정리하기

□□ □□은 고종이 황제의 나라를 선포하며 바꾼 나라 이름입니다.

환구단

고종이 하늘에 제사를 올리고 황제 즉위식을 치른 제단입니다

환구단(圜球團)은 하늘의 아들인 황제가 하늘에 제사를 지내는 둥근 단을 뜻해요.
예로부터 하늘에 제사 지내는 일은 오로지 중국 황제만 할 수 있었어요.
그래서 왕의 나라였던 조선에는 환구단이 없었지요.
고종은 새로 환구단을 세워 하늘에 제사를 지낸 뒤 황제의 자리에 올랐어요.
대한 제국이 청나라와 동등한 황제의 나라라는 것을 세상에 널리 알린 거지요.
한자 圜은 원으로도, 환으로도 읽을 수 있어 원구단이라고도 해요.
지금 환구단에 남아 있는 건물은 신령의 위패를 모시던 황궁우예요.

황궁우

환구단

알쏭달쏭 바로알기

두 단어 중 맞는 것에 ○표 하세요.

- 환구단은 황제가 (하늘, 바다)에 제사를 지내는 둥근 단입니다.
- 옛날에 동양에서는 중국 (귀족, 황제)만이 하늘에 제사 지낼 수 있었습니다.
- 고종은 (환구단, 사직단)을 세워 하늘에 제사를 지내고 황제가 되었습니다.

역사 용어 정리하기

□□□은 고종이 하늘에 제사를 올리고 황제 즉위식을 치른 제단입니다.

광무개혁

고종이 대한 제국 때 펼친 근대화 정책을 이르는 말입니다

고종이 대한 제국의 황제가 된 뒤에 연호를 광무로 바꾸고
근대화 개혁을 해서 광무개혁이라고 해요.
연호란 동양의 황제나 왕이 다스리는 햇수를 기준으로 연도를 세는 법이에요.
광무개혁으로 서양식 무기를 많이 사들였고, 토지 조사를 벌여
세금 제도를 정비했어요.
산업과 기술을 발전시키려고 공장과 회사를 설립하고, 철도 부설에 나섰지요.
서울 시내에 전차가 다니기 시작했으며 우편과 통신 시설도 근대화되었어요.
그러나 일본이 러시아와 전쟁을 벌이면서 광무개혁은 중단되고 만답니다.

알쏭달쏭 바로알기

틀린 곳을 맞게 고쳐 쓰세요.

- 고종은 대한 제국을 선포하고 연호를 광수로 바꾸었습니다. (　　　　　)
- 광무개혁은 고대화 정책입니다. (　　　　　)
- 광무개혁 때 서울 시내에 버스가 다니기 시작했습니다. (　　　　　)

역사 용어 정리하기

고종이 대한 제국 때 펼친 근대화 정책을 □□□□이라고 합니다.

덕수궁 석조전

고종이 덕수궁 안에 새로 지은 서양식 건물입니다

돌 석(石), 만들 조(造), 전각 전(殿), 돌로 만든 전각이라는 뜻이에요.
유럽의 궁전을 본떠 덕수궁(경운궁) 안에 돌로 지은 3층짜리 건물이에요.
당시 지어진 서양식 건축물 가운데 가장 컸어요.
대한 제국이 서양 강대국처럼 강한 나라가 되기를 바라며 지은 건물이지요.
1900년에 짓기 시작해 1910년에 완공됐는데,
대한 제국이 망하면서 궁궐 건물로 사용하지 못했어요.

알쏭달쏭 바로알기

틀린 곳을 맞게 고쳐 쓰세요.

- 석조전은 ~~나무~~로 만든 전각이라는 뜻입니다. (   )
- 석조전은 ~~아시아~~의 궁전을 본떠 지었습니다. (   )
- 석조전은 ~~창덕궁~~ 안에 세워졌습니다. (   )

역사 용어 정리하기

덕수궁 ☐☐☐은 고종이 덕수궁 안에 새로 지은 서양식 건물입니다.

전깃불

개화기 때 들어온 근대 문물로 전기로 빛을 내는 물건입니다

전기(電氣) 힘으로 밝히는 빛이라는 뜻으로, 지금은 전등이라고 해요.
1883년, 미국에 사절단이 갔을 때 에디슨 전기 회사와
궁궐에 전기를 만드는 발전 시설과 전깃불을 들여오기로 했어요.
1887년 3월 경복궁에 처음으로 전깃불이 켜졌지요.
밤이 되어 궁궐에 전깃불이 켜지면 사람들은 궁궐 담에 몰려들어 구경했어요.
사람들은 전깃불을 신기한 불이라며 도깨비불이라고 부르거나
별 소용도 없는데 돈만 많이 든다고 건달불이라고도 했지요.

알쏭달쏭 바로알기

내용이 맞으면 ○표를, 틀리면 X표를 하세요.

- 전깃불은 번개의 힘으로 빛을 내는 물건입니다. ( )
- 전깃불은 개화기 때 들어온 근대 문물입니다. ( )
- 전깃불은 창경궁에 처음으로 설치되었습니다. ( )

역사 용어 정리하기

□□□은 개화기 때 들어온 근대 문물로 전기로 빛을 내는 물건입니다.

전화기

개화기 때 들어온 근대 문물로 먼 곳과 대화하는 기계입니다

텔레폰이라는 영어 발음을 우리식으로 말해 덕률풍이라고 하거나
말(어語)을 전달하는(전傳) 기구라고 하여 전어기라고도 했어요.
1896년에 덕수궁에 처음 설치됐고 1902년에 서울과 인천 사이에 전화선이 연결되었어요.
그때는 전화 교환원이 양쪽을 연결시켜 주었는데,
신하들이 고종의 전화를 받을 때는 큰절을 세 번 하고 무릎을 꿇고서 받았답니다.
김구가 일본군을 죽여 사형당하기 직전에
고종이 전화로 사형을 중지한 이야기가 있어요.

대한 제국 때 쓰던 전화기

알쏭달쏭 바로알기

틀린 곳을 맞게 고쳐 쓰세요.

- 전화기는 말을 전하는 기구라고 하여 ~~단말기~~라고도 불렀습니다. (　　　　　)
- 전화기는 ~~경복궁~~에 처음으로 설치되었습니다. (　　　　　)
- 전화기가 처음 설치되었을 때는 전화 ~~차장~~이 있었습니다. (　　　　　)

역사 용어 정리하기

□□□는 개화기 때 들어온 근대 문물로 먼 곳과 대화하는 기계입니다.

전차

개화기 때 들어와 서울 중심지를 달린 교통수단입니다

전차는 전기(전電)로 움직이는 수레(차車)라는 뜻이에요.
고종이 한성 전기 회사를 세우고, 전차를 들여왔어요.
1899년에 운행을 시작했는데, 서대문에서 청량리까지 다녔지요.
사람들은 전차를 전기를 먹고 달리는 당나귀 같다 하여 쇠당나귀라고도 불렀어요.
전차가 처음 나왔을 때는 전차를 타 보려고 시골에서 올라오는 사람도 있었어요.
전차가 다니기 시작한 지 일주일 뒤에 어린아이가 전차에 치여 죽는
사고가 일어나자 성난 사람들이 전차를 뒤집고 불태우기도 했어요.

알쏭달쏭 바로알기

틀린 곳을 맞게 고쳐 쓰세요.

- 전차는 ~~연기~~로 움직이는 수레라는 뜻입니다. (　　　　　)
- ~~순종~~은 한성 전기 회사를 세우고 전차를 들여왔습니다. (　　　　　)
- 첫 전차는 서대문에서 ~~수유리~~까지 다녔습니다. (　　　　　)

역사 용어 정리하기

□□는 개화기 때 들어와 서울 중심지를 달린 교통수단입니다.

기차

증기 기관을 달고 철로를 달리는 교통수단입니다

증기(기汽)로 움직이는 수레(차車)라는 뜻이에요.
증기 기관을 달고 석탄을 땠기 때문에 구름 같은 하얀 증기를 뿜어 댔어요.
기차는 전차와 달리 집채만 한 수레 여러 칸을 줄줄이 매달고 달렸어요.
불을 일으키는 바퀴가 달린 수레라 하여 화륜거, 쇠로 만든 수레라 하여 쇠수레,
불을 뿜으며 달리는 말이라 하여 화마, 쇠로 만든 말이라 하여 철마라 불렀어요.
1899년 노량진과 제물포(인천) 사이를 오가는 경인선이 개통됐어요.
걸어서 하루 종일 걸리던 거리가 기차로는 1시간 40분밖에 걸리지 않았지요.

알쏭달쏭 바로알기

두 단어 중 맞는 것에 ○표 하세요.

- 기차는 (증기, 석유)로 움직이는 수레라는 뜻입니다.
- 사람들은 기차를 화륜거, (쇠수레, 손수레), 화마, 철마라고 불렀습니다.
- 1899년에 노량진과 제물포 사이를 오가는 (경인선, 경부선)이 개통됐습니다.

역사 용어 정리하기

□□는 증기 기관을 달고 철로를 달리는 교통수단입니다.

원산 학사

1883년에 세운 우리나라 최초의 근대 사립 학교입니다

학사란 배울 학(學), 집 사(舍), 학문을 하는 곳이라는 뜻이에요. 덕원과 원산의 주민과 관리들이 돈을 모으고 정부 지원을 받아 세운 학교예요. 원산 학사가 있던 함경도 원산은 강화도 조약으로 개항을 한 곳이어서 일찍부터 일본과 서양의 문물이 들어왔고, 개화의 분위기도 높았지요. 원산 학사에서는 신학문을 배워 실생활에 쓸 수 있는 인재를 키우고자 했어요. 문반과 무반을 설치해 문무를 동시에 가르쳤고, 군사 교육을 중요하게 여겼지요.

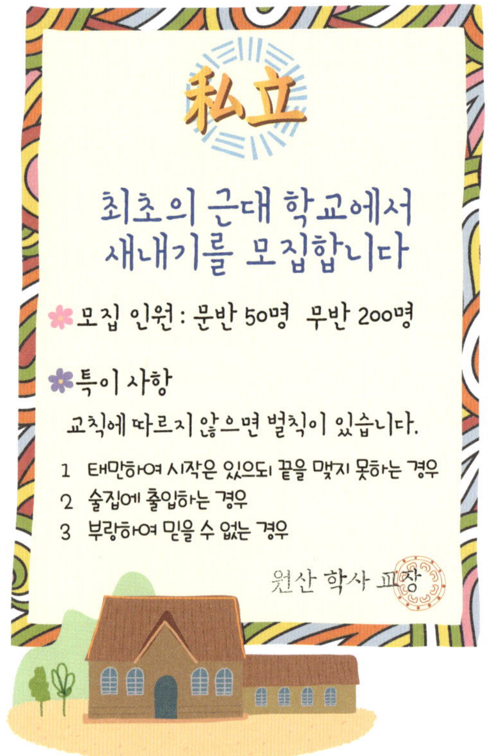

알쏭달쏭 바로알기

틀린 곳을 맞게 고쳐 쓰세요.

- 원산 학사는 우리나라 최초의 근대 공립 학교입니다. (　　　　　)
- 원산 학사는 함경도 경산에 있었습니다. (　　　　　)
- 원산 학사에서는 구학문을 가르쳤습니다. (　　　　　)

역사 용어 정리하기

□□ □□는 1883년에 세운 우리나라 최초의 근대 사립 학교입니다.

육영 공원

1886년에 세운 우리나라 최초의 근대 공립 학교입니다

젊은 영재(영英)를 기르는(육育) 공립(공公)
학교(원院)라는 뜻이에요.
1886년에 영어 교육을 하려고 나라에서 세웠어요.
개항을 하고 서양 여러 나라와 조약을 맺으면서
가장 어려운 문제가 말이 안 통하는 거였거든요.
젊은 관리와 양반 자제를 모아 가르쳤고,
교수들은 모두 미국인이었어요.
영어와 함께 자연 과학, 수학, 지리, 경제 등
근대 학문을 가르쳤어요.

영어 교과서

알쏭달쏭 바로알기

틀린 곳을 맞게 고쳐 쓰세요.

- 육영 공원은 나라에서 만든 공립 ~~병원~~입니다. (　　　　　　)
- 육영 공원은 젊은 관리와 ~~평민~~ 자제를 가르쳤습니다. (　　　　　　)
- 육영 공원은 ~~일본어~~ 교육을 하려고 세운 학교입니다. (　　　　　　)

역사 용어 정리하기

□□ □□은 1886년에 세운 우리나라 최초의 근대 공립 학교입니다.

배재 학당

개신교 선교사 아펜젤러가 세운 사립 학교입니다

1885년에 미국인 선교사 아펜젤러가 정동의 조그만 기와집에 학당을 세웠어요.
학생 두 명에게 영어를 가르치며 시작했는데, 영어로만 수업을 했대요.
학생이 늘어나 이듬해 고종이 배재 학당이라는 이름을 내려 주었어요.
인재를 기르는(培栽배재) 학교라는 뜻이지요.
과목도 늘어나 영어뿐만 아니라 역사, 음악, 미술, 체육 등을 가르쳤어요.
서재필, 윤치호 같은 개화파 인사들이 특별 교사로 수업을 하기도 했어요.
첫 대통령 이승만, 한글 학자 주시경 등이 이 학교를 나왔어요.

알쏭달쏭 바로알기

내용이 맞으면 ○표, 틀리면 X표를 하세요.

- 배재 학당은 미국인 선교사 아펜젤러가 세운 사립 학교입니다. (　　)
- 순종이 배재 학당이라는 학교 이름을 내려 주었습니다. (　　)
- 개화파 인사들이 배재 학당에서 특별 교사로 수업을 했습니다. (　　)

역사 용어 정리하기

□□ □□은 개신교 선교사 아펜젤러가 세운 사립 학교입니다.

이화 학당

개신교 선교사 스크랜턴 부인이 세운 사립 여자 학교입니다

1886년에 미국인 여자 선교사 스크랜턴이 배재 학당 옆에 세웠어요.
처음에는 학생이 없어서 갈 곳 없는 여자아이를 데려다 가르쳤어요.
그때는 여자는 가르칠 필요가 없다고 생각해서
부모들이 여자아이를 학교에 보내지 않았거든요.
이화 학당은 명성 황후가 내려 준 이름으로 배꽃(梨花이화)같이 아름다우며
향기로운 열매를 맺는 학교라는 뜻이에요.
최초의 여의사 박 에스더, 독립운동가 하란사, 유관순 등이 이 학교를 나왔어요.

알쏭달쏭 바로알기

틀린 곳을 맞게 고쳐 쓰세요.

- 이화 학당은 스쿠루지 부인이 세웠습니다. (   )
- 이화 학당은 사립 남자 학교입니다. (   )
- 이화 학당은 처음에는 남자아이를 데려다 가르쳤습니다. (   )

역사 용어 정리하기

□□ □□은 개신교 선교사 스크랜턴 부인이 세운 사립 여자 학교입니다.

소학교

갑오개혁 때 근대 교육을 시작하면서 세운 학교입니다

오늘날의 초등학교로 7세에서 15세까지 입학할 수 있었어요.
소학교에서는 서당에서 가르치던 천자문이나 유교 경전이 아니라
외국어, 산술, 과학, 세계 지리, 체조 등 실용적인 학문을 가르쳤어요.
교과목 중에서 체조를 매우 중요하게 여겼는데,
특히 고학년들이 배우는 체조는 군사 훈련과 비슷했어요.

알쏭달쏭 바로알기

틀린 곳을 맞게 고쳐 쓰세요.

- 소학교는 광무개혁 때 근대 교육을 시작하면서 세웠습니다. (   )
- 소학교는 오늘날의 유치원입니다. (   )
- 소학교에서는 체급을(를) 중요하게 여겼습니다. (   )

역사 용어 정리하기

☐☐☐는 갑오개혁 때 근대 교육을 시작하면서 세운 학교입니다.

선교사

다른 나라에서 기독교를 널리 알리는 종교인을 말합니다

기독교(교敎)를 펼치는(선宣) 천주교 신부나 개신교 목사(사師), 전도사 등을 말해요. 조선 후기에 천주교 신부들이 먼저 들어왔지만 보통은 개항 이후 조선에 온 개신교(크리스트교) 종교인을 일컬어요. 미국의 의료 선교사 알렌이 처음 들어왔어요. 이어 언더우드, 아펜젤러, 스크랜턴 등 선교사들이 많이 들어왔지요. 선교사들은 병원과 학교를 세우는 사회 활동을 하면서 기독교를 전했어요. 그런데 일부 선교사는 금광 개발권 등에 개입해 이득을 챙기기도 했답니다.

알쏭달쏭 바로알기

두 단어 중 맞는 것에 ○표 하세요.

- 선교사는 보통 개항 이후 조선에 들어온 (불교, 개신교) 종교인을 가리킵니다.
- 조선에 맨 처음 들어온 개신교 선교사는 (의료, 교육) 선교사 알렌입니다.
- 선교사들은 (사회 활동, 연예 활동)을 하면서 기독교를 전했습니다.

역사 용어 정리하기

□□□는 다른 나라에서 기독교를 널리 알리는 종교인을 말합니다.

광혜원

1885년에 세운 우리나라 최초의 근대식 병원입니다

미국의 선교사이자 의사인 알렌은 갑신정변 때
큰 부상을 입은 민영익의 목숨을 구해 고종의 신임을 얻어 왕실의 어의가 됐어요.
알렌은 고종에게 서양식 병원을 세우자고 했고, 고종이 이를 받아들였어요.
광혜원은 널리 은혜를 베푸는(광혜) 집이라는 뜻인데,
일반 백성의 질병을 치료하는 병원이었어요.
광혜원은 곧 제중원이라고 이름을 바꿨지요.

알쏭달쏭 바로알기

틀린 곳을 맞게 고쳐 쓰세요.

- 광혜원은 선교사 언더우드의 건의로 세워졌습니다. (   )
- 광혜원은 우리나라 최초의 서양식 극장입니다. (   )
- 광혜원은 사옹원으로 이름을 바꿨습니다. (   )

역사 용어 정리하기

□□□은 우리나라 최초의 근대식 병원입니다.

양장

개항 이후 들어온 서양식 차림새를 말합니다

서양식(양洋) 옷차림(장裝)을 통틀어 일컬어요.
남자는 양복, 여자는 양장이라고 따로 말하기도 해요.
가장 먼저 양장을 한 사람은 개화파 지식인이었어요.
이들은 양복을 입고, 구두를 신고, 머리를 서양식으로 짧게 자르고 다녔지요.
긴 수염 대신 짧은 콧수염을 길렀고요. 이들을 개화 신사라 했어요.
여자는 좀 뒤에 주로 신교육을 받은 여성이 양장을 했어요.
여학생들은 한복을 양장식으로 개량해 짧은 통치마에 긴 저고리를 입었어요.

알쏭달쏭 바로알기

틀린 곳을 맞게 고쳐 쓰세요.

- 개항 이후 가장 먼저 양장을 한 사람은 ~~척화파~~ 지식인입니다. (　　　　　)
- 개화 신사는 양복을 입고, ~~짚신~~을(를) 신었습니다. (　　　　　)
- 개항 이후 여학생은 ~~양복~~을 개량해서 입었습니다. (　　　　　)

역사 용어 정리하기

개항 이후 들어온 서양식 차림새를 □□이라고 합니다.

단발

상투를 잘라 내고 머리카락을 짧게 잘랐던 것을 말합니다

끊을 단(斷), 머리털 발(髮), 머리카락을 짧게 끊는다는 말이에요.
유교 사회에서는 부모님이 물려주신 신체를 절대 함부로 하지 않았어요.
그런데 을미개혁 때 모든 남자는 상투를 자르라는 단발령이 떨어졌어요.
일본이 짧은 머리가 편하고 위생적이라며 강요한 거지요.
고종도 모범을 보이라는 일본과 대신들의 성화에 상투를 잘라야 했어요.
백성들 중에는 순검(경찰)에게 잡혀 강제로 상투를 잘리는 경우도 많았지요.
사람들은 단발령을 강하게 거부했지만 차츰 상투를 자르는 사람이 늘어났어요.

알쏭달쏭 바로알기

내용이 맞으면 ○표를, 틀리면 X표를 하세요.

- 단발이란 손톱을 짧게 자른다는 뜻입니다. ( )
- 갑오개혁 때 단발령을 시행됐습니다. ( )
- 단발령 때 순검에게 상투를 잘리는 경우도 많았습니다. ( )

역사 용어 정리하기

상투를 잘라 내고 머리카락을 짧게 자르는 것을 ☐☐이라고 합니다.

두루마기

개화기 때 신분에 구별 없이 누구나 입었던 겉옷입니다

옷이 두루 막혔다는 데서 붙은 우리말 이름이에요.
두루마기는 원래 양반들이 입는 겉옷인 도포 안에 받쳐 입는 옷이었어요.
도포를 입지 못하는 평민이 겉옷으로 입기도 했고요.
도포는 양옆에 트임이 있고, 소매가 넓어 거추장스러웠어요.
이에 비해 두루마기는 품과 소매가 좁고 양옆이 막혀 있어 간편했지요.
고종 때 신분제를 없애면서 양반도 겉옷으로 도포 대신 두루마기를 입도록 했어요.
신분에 구별 없이 남녀노소 누구나 입어서 '만민 평등의 옷'이라고 불렸어요.

알쏭달쏭 바로알기

틀린 곳을 맞게 고쳐 쓰세요.

- 두루지기란 옷이 두루 막혔다는 뜻입니다. (　　　　　)
- 양반들은 겉옷으로 포도를 입었습니다. (　　　　　)
- 고종 때 양반도 도포 대신 마고자를 입도록 했습니다. (　　　　　)

역사 용어 정리하기

□□□□는 개화기 때 신분에 구별 없이 누구나 입었던 겉옷입니다.

남포등

개화기 때 들어온 서양 램프를 일컫던 말입니다

영어 램프(lamp)의 일본식 발음인 람뽀를 우리식으로 부른 남포와 등잔을 뜻하는 등(燈)을 합친 말이에요.
서양식 등잔이지요.
석유를 넣은 그릇에 심지를 넣어 불을 붙인 뒤 유리로 만든 등갓을 씌웠어요.
남포등은 이전에 쓰던 등잔불보다 더 밝고 편리해 인기가 많았어요.
게다가 연료로 쓰는 석유는 식물의 기름보다 값이 쌌거든요.
하지만 그을음이 많아 자고 나면 콧구멍에서 검댕이 나올 정도였답니다.

알쏭달쏭 바로알기

틀린 곳을 맞게 고쳐 쓰세요.

- 남포등은 ~~동양식~~ 등잔입니다. (   )
- 남포등은 ~~형광등~~보다 밝고 편리해 인기가 많았습니다. (   )
- 남포등은 연료로 ~~가스~~를 썼습니다. (   )

역사 용어 정리하기

□□□은 개화기 때 들어온 서양 램프를 부르는 말입니다.

유성기

개화기 때 들어온 축음기를 일컫던 옛말입니다

소리(성聲)를 머무르게(유留) 하는 기계라는 뜻이에요.
오늘날의 시디(CD)나 엠피스리(MP3)처럼 녹음된 소리를 들을 수 있어요.
큼직한 네모 상자에 나팔 같은 주둥이가 달려 있지요.
동그랗고 납작한 판을 상자 위에 올리고
태엽을 감으면 주둥이에서 음악이 흘러나와요.
처음 유성기를 본 사람들은 너무 놀라
유성기 속에 난쟁이가 숨어서 노래를
하는 거라고 생각했답니다.

알쏭달쏭 바로알기

두 단어 중 맞는 것에 ○표 하세요.

- 유성기는 녹음된 (소리, 동영상)를(을) 들을 수 있는 기계입니다.
- (유성기, 영사기)는 네모 상자에 나팔 같은 주둥이가 달려 있습니다.
- 유성기를 처음 본 사람들은 난쟁이가 숨어 (체조, 노래)한다고 생각했습니다.

역사 용어 정리하기

☐☐☐는 개화기 때 들어온 축음기를 일컫는 옛말입니다.

일본 제국주의
러·일 전쟁
독도 침탈
을사조약
통감부
민영환
항일 의병
신돌석
헤이그 특사 파견
애국 계몽 운동
안창호
이승훈
신민회

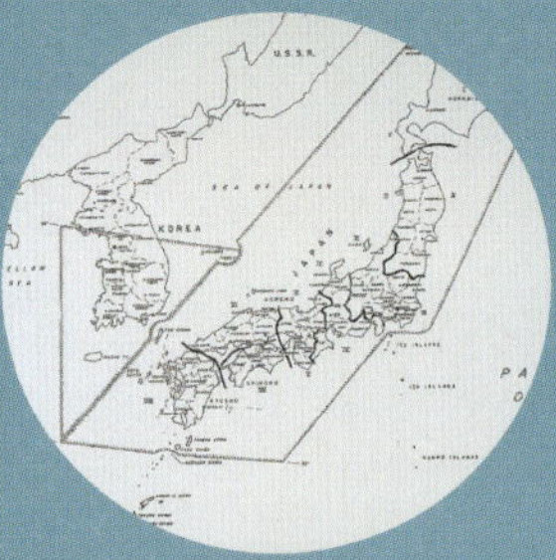

4

국권 상실과 3·1 운동

주시경
황성신문
대한매일신보
국채 보상 운동
한일 신협약
안중근 의거
국권 상실
조선 총독부
무단 통치
서대문 형무소
민족 자결주의
2·8 독립 선언
3·1 운동
독립 선언서
탑골 공원
유관순

일본 제국주의

일본이 다른 나라를 침략해 식민지로 만든 것을 말합니다

일본 제국주의를 줄여 일제라고 합니다.
일본은 동양에서 가장 빨리 서구 문물을 받아들여 산업화에 성공하자 제국주의의 길을 걸었어요.
제국주의란 다른 나라를 침략해 식민지로 삼는 것을 말해요.
식민지는 원래 제 나라 백성(민民)을 옮겨(식植) 살게 한 땅(지地)이란 뜻이에요.
나중에는 주권을 빼앗기고 남의 지배를 받는 땅이라는 뜻으로 널리 쓰이게 되지요.
일본은 대한 제국을 비롯하여 여러 나라를 식민지로 삼고자 계속 전쟁을 벌였어요.

알쏭달쏭 바로알기

틀린 곳을 맞게 고쳐 쓰세요.

- 일제는 ~~미국~~ 제국주의를 줄여 부르는 말입니다. (   )
- ~~민주주의~~는 다른 나라를 침략해 식민지로 삼는 것을 말합니다. (   )
- ~~황무지~~는 주권을 빼앗기고 남의 지배를 받는 땅입니다. (   )

역사 용어 정리하기

일본이 다른 나라를 침략해 식민지로 만든 것을 일본 □□□□라고 합니다.

러·일 전쟁

일본이 우리나라와 만주를 두고 러시아와 벌인 전쟁입니다

1904년, 일본이 청나라 뤼순 항에 있던 러시아 함대를 공격하면서 시작됐어요.
그동안 일본과 러시아는 우리나라와 만주를 차지하려고 사사건건 부딪쳤거든요.
일본은 서울을 점령하고 우리나라를 전쟁터로 만들었어요.
전쟁은 우리나라와 만주 지역에서 1905년까지 벌어졌지요.
러시아는 육지에서 밀리자 멀리 발트 해에 있던 함대까지 출동시켰어요.
하지만 일본과 동맹을 맺은 영국이 방해해 발트 함대도 일본에 지고 말았어요.
일본은 러·일 전쟁에서 이긴 뒤 대한 제국을 본격적으로 침략했어요.

알쏭달쏭 바로알기

틀린 곳을 맞게 고쳐 쓰세요.

- 1904년 일본과 ~~청나라~~는 우리나라를 차지하려고 부딪쳤습니다. (　　　　　　)
- 러·일 전쟁은 일본과 ~~연해주~~ 지역에서 벌어졌습니다. (　　　　　　)
- ~~러시아~~는(은) 러·일 전쟁에서 이겼습니다. (　　　　　　)

역사 용어 정리하기

□·□ □□은 일본이 우리나라와 만주를 두고 러시아와 벌인 전쟁입니다.

독도 침탈

러·일 전쟁 때 일본이 독도를 일본 땅에 집어넣은 일을 말합니다

독도는 우리나라의 가장 동쪽에 있어요.
울릉도에 딸린 섬으로 오래전부터 우리나라 땅이었어요.
러·일 전쟁 중이던 1905년에 일본 시마네 현이 독도를 자기네 영토로
마음대로 집어넣고 다케시마라는 이름을 붙였지요.
이에 대한 제국은 독도가 우리 영토라고 분명히 했지만 일본은 무시했어요.
일본은 지금도 독도를 자기네 땅이라고 우기고 있답니다.

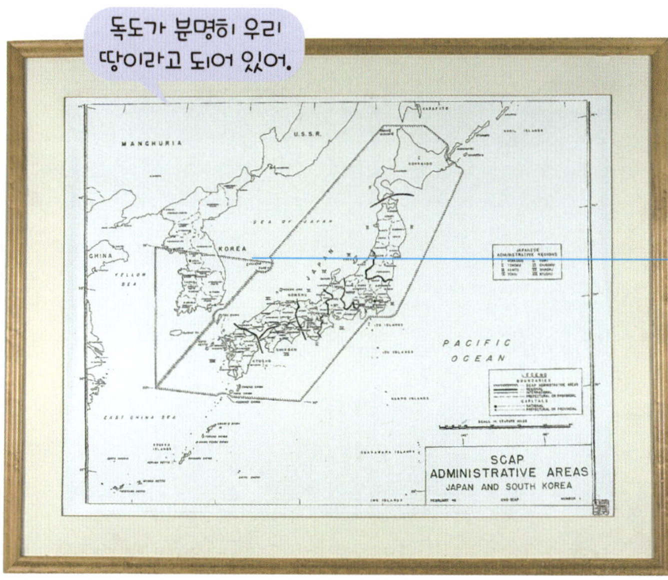

울릉도 동남쪽 뱃길 따라 87.4km
외로운 섬 하나 새들의 고향
그 누가 아무리 자기네 땅이라고 우겨도
독도는 우리 땅 !

연합국 최고 사령부 관할 지도
제2차 세계 대전 뒤에 연합국에서 일본과 우리나라의 행정 관할 구역을 구분한 지도예요. 당시에 연합국 최고 사령부에서도 독도를 우리 영토로 인정하고 있다는 것을 알 수 있어요.

알쏭달쏭 바로알기

두 단어 중 맞는 것에 ○표 하세요.

- 독도는 우리나라의 가장 (동쪽, 서쪽)에 있습니다.
- 독도는 오래전부터 (거제도, 울릉도)에 딸린 섬이었습니다.
- 일본은 (러·일 전쟁, 청·일 전쟁) 때 독도를 일본 영토에 집어넣었습니다.

역사 용어 정리하기

□□ 침탈은 러·일 전쟁 때 일본이 독도를 일본 땅에 집어넣은 일입니다.

을사조약

일본이 대한 제국의 외교권을 빼앗은 조약입니다

을사년인 1905년에 맺은 조약이라는 뜻이에요.
고종이 서명하지 않은 억지 조약(늑약勒約)이라서 을사 늑약이라고도 해요.
러·일 전쟁 뒤 일본은 이토 히로부미를 보내 고종에게 조약을 맺자고 강요했어요.
외교권을 일본에 넘기고, 통감부를 설치한다는 내용이었지요.
고종이 끝까지 거부하자 일본은 대신 5명의 찬성을 얻어 조약을 체결했어요.
이때 찬성한 5명을 다섯 도적이라고 해서 을사오적(五賊)이라고 불러요.
고종은 이 조약이 무효임을 영국 신문 기자를 통해 세계에 알렸어요.

알쏭달쏭 바로알기

틀린 곳을 맞게 고쳐 쓰세요.

- 을사조약은 을미년에 맺은 조약이라는 뜻입니다. (　　　　　)
- 을사조약은 대한 제국의 경제권을 일본에 넘긴다는 내용입니다. (　　　　　)
- 을사조약을 찬성한 대신 5명을 을사오신이라고 합니다. (　　　　　)

역사 용어 정리하기

□□□□은 일본이 대한 제국의 외교권을 빼앗은 조약입니다.

통감부

일본이 대한 제국을 감독하려고 설치한 기관입니다

1905년에 맺은 을사조약에 따라 이듬해에 설치되었어요. 원래 대한 제국의 외교권만 맡기로 했지만 실제로 대한 제국의 모든 정치를 감독했지요. 통감부의 우두머리인 통감은 일본 왕이 직접 임명했어요. 첫 통감은 을사조약을 체결한 이토 히로부미예요. 이토는 일본의 총리대신을 지냈는데, 대한 제국을 식민지로 만드는 데 앞장섰어요. 1910년 대한 제국이 일본에 주권을 완전히 빼긴 뒤에는 조선 총독부가 들어섰어요.

알쏭달쏭 바로알기

틀린 곳을 맞게 고쳐 쓰세요.

- 일본은 을사조약에 따라 통신부를 설치했습니다. (　　　　　)
- 통감부는 원래 대한 제국의 경제권만 맡기로 한 기관입니다. (　　　　　)
- 첫 통감은 을미조약을 체결한 이토 히로부미입니다. (　　　　　)

역사 용어 정리하기

□□□는 일본이 대한 제국을 감독하려고 설치한 기관입니다.

민영환

을사조약이 부당하다며 목숨을 끊은 정부 관리입니다

명성 황후의 조카로 고종의 신임을 받아 여러 관직을 두루 거쳤어요. 두 차례나 유럽에 가서 서양 문물을 살피고 우리도 근대식 개혁을 하자고 했지요. 1905년에 을사조약이 체결되자 민영환은 다른 관리들과 함께 상소를 올려 조약 무효를 주장했어요. 결국 민영환은 일본의 침략을 폭로하는 유서를 남기고 자결했습니다. 다른 많은 관리도 뒤이어 목숨을 끊었어요.

알쏭달쏭 바로알기

내용이 맞으면 ○표, 틀리면 X표를 하세요.

- 민영환은 고종의 신임을 받은 대한 제국의 학자였습니다. ( )
- 민영환은 다른 관리들과 함께 을사조약 무효를 주장했습니다. ( )
- 민영익은 일본의 침략을 폭로하는 유서를 남겼습니다. ( )

역사 용어 정리하기

☐☐☐은 을사조약이 부당하다며 목숨을 끊은 정부 관리입니다.

항일 의병

일제의 침략에 맞서 싸우려고 백성이 스스로 만든 군대입니다

일제에 대항해(항일抗日) 일어난 의로운 병사(義兵의병)라는 뜻이에요.
명성 황후가 시해된 을미년(1895년), 을사조약이 체결된 을사년(1905년),
대한 제국의 군대가 해산된 정미년(1907년)에 의병이 크게 일어났어요.
처음에는 양반이 중심이었지만 점차 농민, 군인, 상인, 포수 등
다양한 사람이 의병이 되어 일본군과 싸웠어요.
일본은 마을을 불태우고 주민까지 학살하며 의병 부대를 철저히 탄압했어요.
많은 의병이 만주나 연해주로 가서 독립군이 되었어요.

알쏭달쏭 바로알기

틀린 곳을 맞게 고쳐 쓰세요.

- 항일 의병은 서양에 대항해 일어난 의로운 병사라는 뜻입니다. (   )
- 항일 의병은 갑오년, 을사년, 정미년에 크게 일어났습니다. (   )
- 항일 의병은 만주나 연해주로 가 토목꾼이 되었습니다. (   )

역사 용어 정리하기

□□ □□은 일제의 침략에 맞서 싸우려고 백성이 스스로 만든 군대입니다.

신돌석

태백산 등지에서 활동한 평민 출신 의병장입니다

을미사변이 일어나자 19세의 어린 나이로 100여 명을 이끌고 의병을 일으켰어요.
을사조약 이후에는 동해안과 경상도, 강원도를 넘나들며 일본군에 대항했지요.
주로 태백산 일대에서 용맹을 떨쳐 '태백산 호랑이'라고 불렸어요.
일본군의 신식 무기에 맞서려고 밤에 일본군 부대를 몰래 습격하거나
산에 숨었다가 싸웠어요.
신돌석은 어이없게도 현상금을 노린 부하의 손에 죽고 말았어요.

알쏭달쏭 바로알기

틀린 곳을 맞게 고쳐 쓰세요.

- 신돌석은 ~~양반~~ 출신으로 의병장이 되었습니다. (   )
- 신돌석은 '~~백두산~~ 호랑이'라고 불렸습니다. (   )
- 신돌석은 ~~바다~~에 숨었다가 일본군과 싸웠습니다. (   )

역사 용어 정리하기

□□□은 태백산 등지에서 활동한 평민 출신 의병장입니다.

헤이그 특사 파견

고종이 만국 평화 회의에 특사를 보낸 사건입니다

헤이그에 특별한 사신(特使)을 보낸다(派遣파견)는 뜻이에요.
1907년 네덜란드의 헤이그에서 제2회 만국 평화 회의가 열렸어요.
세계 여러 나라의 대표가 모여 전쟁을 줄이고 평화를 찾자는 회의였지요.
고종은 이준, 이상설, 이위종 세 사람을 일본 몰래 헤이그로 보냈어요.
을사조약이 일본이 강제로 맺게 한 조약임을 밝혀 무효로 만들려고 한 거지요.
하지만 일본의 방해로 헤이그 특사는 회의장에 들어가지도 못했어요.
일본은 이 사건을 빌미로 고종 황제를 강제로 물러나게 했어요.

알쏭달쏭 바로알기

두 단어 중 맞는 것에 ○표 하세요.

- 헤이그 특사는 헤이그로 파견된 (특별, 보통) 사신을 뜻합니다.
- 1907년 네덜란드 (헤이그, 뉴욕)에서 만국 평화 회의가 열렸습니다.
- (영국, 일본)의 방해로 헤이그 특사는 회의장에 들어가지 못했습니다.

역사 용어 정리하기

□□□ □□ 파견은 고종이 만국 평화 회의에 특사를 보낸 사건입니다.

애국 계몽 운동

국민을 깨우치고 실력을 길러서 나라를 구하고자 한 운동입니다

계몽(啓蒙)은 백성을 가르쳐 깨우친다는 뜻이에요.
을사조약 이후 개화 지식인과 몇몇 유학자가 중심이 되어 펼쳤어요.
이들은 나라의 힘이 약해 일본에 당하니 나라를 구하려면 실력이 있어야 한다고 했어요. 그래서 실력 양성 운동이라고도 해요.
교육으로 국민을 깨우치고 산업을 발전시켜 실력을 기르려 했지요.
신문과 잡지를 만들고, 강연회 등으로 민족의식을 높였으며, 기업도 운영했어요.

알쏭달쏭 바로알기

틀린 곳을 맞게 고쳐 쓰세요.

- ~~애국~~이란 백성을 가르쳐 깨우친다는 뜻입니다. (　　　　　)
- 애국 계몽 운동은 ~~체력~~ 양성 운동이라고도 합니다. (　　　　　)
- 애국 계몽 운동은 ~~민주~~ 의식을 높였습니다. (　　　　　)

역사 용어 정리하기

□□ □□ 운동은 국민을 깨우치고 실력을 기르자는 운동입니다.

안창호

대성 학교를 세우고 신민회를 만든 독립운동가입니다

호는 도산이고, 애국 계몽 운동가이자 독립운동가입니다.
우리나라가 청·일 전쟁의 싸움터가 되자 나라의 힘을 키워야겠다고 다짐했어요.
독립 협회에 들어가 만민 공동회를 열었고, 비밀 단체인 신민회를 만들었어요.
대성 학교를 세워 인재를 기르고, 도자기 회사를 세워 민족 산업을 키우려 했지요.
일본에 나라를 빼앗긴 뒤로는 대한민국 임시 정부에 들어가 독립운동을 했어요.
일본에 여러 차례 체포되어 감옥살이를 했지요.

독립 협회 활동

도자기 회사 설립

신민회 조직

대성 학교 설립

알쏭달쏭 바로알기

틀린 곳을 맞게 고쳐 쓰세요.

- 안창호는 ~~매국~~ 계몽 운동가이자 독립운동가입니다. (　　　　　)
- 안창호는 독립 협회에서 활동하고 ~~신간회~~를 만들었습니다. (　　　　　)
- 안창호는 대한민국 임시 정부에서 ~~독서~~ 운동을 했습니다. (　　　　　)

역사 용어 정리하기

☐☐☐는 대성 학교를 세우고 신민회를 만든 독립운동가입니다.

이승훈

오산 학교를 세운 독립운동가입니다

평안도 정주에서 태어난 이승훈은 10세에 공부를 그만두고 상인이 되었어요.
유기 공장을 세웠지만 청·일 전쟁 때문에 잿더미가 됐고,
무역으로 큰 부자가 됐지만 러·일 전쟁 때문에 사업이 망했어요.
마흔이 넘은 나이에 안창호의 연설에 감명을 받아 민족을 위해 살기로 마음먹었어요.
바로 신민회 회원이 되었고, 정주에 오산 학교를 세워 민족의 지도자를 키웠어요.
3·1 운동 당시에는 민족 대표로 독립 선언서에 서명하고 체포되었답니다.
물산 장려 운동과 민립 대학 설립 운동 등 다양한 민족 운동에 참여했어요.

알쏭달쏭 바로알기

내용이 맞으면 ○표를, 틀리면 X표를 하세요.

- 이승훈은 청·일 전쟁과 러·일 전쟁 때문에 사업이 망했습니다. (　　)
- 이승훈은 안창호의 연설을 듣고 민족을 위해 살기로 마음먹었습니다. (　　)
- 이승훈은 대성 학교를 세워 민족의 지도자를 키웠습니다. (　　)

역사 용어 정리하기

□□□은 오산 학교를 세운 독립운동가입니다.

신민회

1907년에 만든 항일 비밀 단체입니다

안창호, 양기탁, 이동휘, 윤치호 등이 뜻 맞는 사람들을 모아 비밀리에 만들었어요. 다른 애국 계몽 운동 단체들처럼 교육 운동과 민족 기업을 세우는 활동을 했지요. 대성 학교 같은 학교를 세워 인재를 키우고, 태극 서관을 세워 책을 펴냈어요. 그리고 도자기 회사 같은 민족 기업을 세웠지요.

신민회는 나라의 주권을 되찾아 근대적인 공화국을 세우는 것이 목표였어요. 일제의 침략이 더욱 거세지자 나라 밖에서 싸울 독립운동 기지를 준비했지요. 결국 일제는 신민회를 해산했고, 간부들은 독립운동을 하려고 해외로 나갔어요.

알쏭달쏭 바로알기

틀린 곳을 맞게 고쳐 쓰세요.

- 안창호, 양기탁 등이 비밀리에 신간회를 만들었습니다. (　　　　　)
- 신민회는 체육 운동과 민족 기업을 세우는 활동을 했습니다. (　　　　　)
- 신민회는 근대적인 군주국을 세우는 것이 목표였습니다. (　　　　　)

역사 용어 정리하기

□□□는 1907년에 만든 항일 비밀 단체입니다.

주시경

한글 교육에 앞장선 국어학자이자 독립운동가입니다

배재 학당 시절 우리글과 말의 중요성을 깨닫고 한글을 연구하기 시작했어요.
서재필과 뜻이 맞아 독립신문을 한글로 펴내는 데 함께했지요.
나라를 잃은 뒤에는 한글 교육과 우리말 연구에 힘썼어요.
나라를 잃은 데다 말까지 잃으면 영원히 독립할 수 없을 것이라 생각했거든요.
언문, 반절, 가갸글 등으로 불리던
우리글을 한글이라고 불렀어요.
한글이란 으뜸가는 글,
하나밖에 없는 글이라는 뜻이지요.
한글 문법과 맞춤법을 연구해
《국어문법》, 《말의 소리》를
펴냈어요.

알쏭달쏭 바로알기

틀린 곳을 맞게 고쳐 쓰세요.

- 주시경은 황성신문을 한글로 펴내는 데 함께했습니다. (　　　　　)
- 주시경은 영어 교육과 우리말 연구에 일생을 바쳤습니다. (　　　　　)
- 주시경은 우리글을 훈민정음이라고 불렀습니다. (　　　　　)

역사 용어 정리하기

□□□은 한글 교육에 앞장선 국어학자이자 독립운동가입니다.

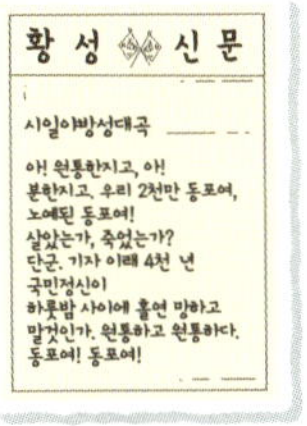

황성신문

1898년에 남궁억 등이 펴낸 일간 신문입니다

'황성'은 황제 나라(황)인 대한 제국의 서울(성)이라는 뜻이에요. 애국 계몽 운동을 한 남궁억이 나수연 등과 함께 만들었어요. 한글과 한문을 섞어 썼기 때문에 지식인 독자가 많았어요. 을사조약이 체결되자 장지연의 '시일야방성대곡(오늘 목 놓아 통곡한다)'이라는 논설을 실어 을사조약의 부당함과 비통함을 밝히기도 했어요. 우리나라가 일본의 식민지가 된 뒤 문을 닫았어요.

알쏭달쏭 바로알기

두 단어 중 맞는 것에 ○표 하세요.

- 황성은 황제 나라인 (대한민국, 대한 제국)의 서울을 뜻합니다.
- (황성신문, 독립신문)은 한글과 한문을 섞어 썼습니다.
- 황성신문은 (장국영, 장지연)이 쓴 '시일야방성대곡'을 실었습니다.

역사 용어 정리하기

□□□□은 1898년에 남궁억 등이 펴낸 일간 신문입니다.

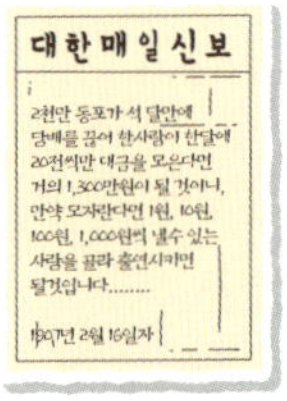

대한매일신보

영국인 베델이 양기탁과 함께 펴낸 일간 신문입니다

베델은 영국 신문사 통신원으로 러·일 전쟁을 취재하러 왔다가 일본을
비난하는 글을 써 통신원 자격을 박탈당했어요.
베델은 양기탁 등 민족 지도자와 뜻을 함께해 1904년에 대한매일신보를 창간했어요.
대한매일신보는 일제 침략을 폭로하고 항일 정신을 불러일으키는
대표적인 신문이었어요.
고종 퇴위 반대 운동과 국채 보상 운동을 이끌었고, 의병의 소식도 곧장 전했지요.

알쏭달쏭 바로알기

틀린 곳을 맞게 고쳐 쓰세요.

- 대한매일신보는 ~~알렌~~이 양기탁과 함께 창간했습니다. (　　　　　)
- 대한매일신보는 ~~사채~~ 보상 운동을 이끌었습니다. (　　　　　)
- 대한매일신보는 ~~영국~~의 탄압을 받았습니다. (　　　　　)

역사 용어 정리하기

□□□□□□는 영국인 베델이 양기탁과 함께 펴낸 일간 신문입니다.

국채 보상 운동

나라의 빚을 갚자며 전 국민이 벌인 운동입니다

나라의 빚(국채)을 갚는(보상) 운동이라는 뜻이에요.
1907년, 대구에 사는 서상돈의 제안으로 시작됐어요.
일본은 대한 제국의 경제를 쥐락펴락할 속셈으로 일본에 큰 빚을 지게 했어요.
대한 제국이 진 빚은 1300만 원, 한 해 예산과 맞먹는 큰돈이었지요.
국민들은 너도 나도 나라의 빚을 갚겠다며 운동에 뛰어들었어요.
남자들은 술과 담배를 끊고, 부녀자들은 비녀를 팔아 돈을 냈답니다.
그렇지만 통감부의 방해로 중단되었어요.

알쏭달쏭 바로알기

틀린 곳을 맞게 고쳐 쓰세요.

- 국채 보상 운동은 ~~개인~~의 빚을 갚자는 운동입니다. (　　　　)
- 국채 보상 운동은 ~~서경석~~의 제안으로 시작됐습니다. (　　　　)
- 국채 보상 운동은 ~~총독부~~의 방해로 중단됐습니다. (　　　　)

역사 용어 정리하기

□□ □□ □□은 나라의 빚을 갚자며 전 국민이 벌인 운동입니다.

한일 신협약

일본이 통감을 통해 대한 제국을 지배하려고 맺은 조약입니다

일제는 헤이그 특사 사건을 구실로 고종을 물러나게 했어요.
그러고는 친일 정부와 강제로 한일 신협약을 맺었어요.
법을 만들거나 높은 관리를 임명할 때 통감의 허락을 받도록 한 거였어요.
이로써 사실상 일제가 대한 제국의 정치를 마음대로 하게 되었어요.
한일 신협약을 체결한 일제는 대한 제국의 군대를 해산하고,
사법권과 경찰권까지 빼앗아 대한 제국은 껍데기만 남았어요.
정미년(1907년)에 7개 조항을 담았다고 해서 정미7조약이라고도 해요.

알쏭달쏭 바로알기

내용이 맞으면 ○표, 틀리면 X표를 하세요.

- 한일 신협약으로 통감의 권한이 약화되었습니다. (　　)
- 한일 신협약으로 일본은 대한 제국의 정치를 마음대로 했습니다. (　　)
- 한일 신협약을 체결한 뒤 일제는 대한 제국의 군대를 해산했습니다. (　　)

역사 용어 정리하기

일본이 통감을 통해 대한 제국을 지배하려고 한일 □□□을 맺었습니다.

안중근 의거

안중근이 첫 통감 이토 히로부미를 저격한 사건입니다

황해도 해주에서 태어난 안중근은 나라가 기울자
연해주로 건너가 의병 활동을 하고 있었어요.
1909년에 이토 히로부미가 하얼빈에 온다는 소식을 듣고 저격 계획을 세웠지요.
10월 26일, 이토 히로부미가 하얼빈 역에 도착하자 안중근은 권총을 쏘았어요.
이토 히로부미는 쓰러졌고, 안중근은 "대한 만세!"를 외치고 곧바로 체포되었어요.
이 사건으로 우리 민족의 독립 의지가 전 세계에 알려지게 되었어요.
안중근은 만주 뤼순 감옥에 갇혔다가 이듬해 3월 교수형을 당했어요.

알쏭달쏭 바로알기

틀린 곳을 맞게 고쳐 쓰세요.

- 안중근은 연해주에서 ~~기자~~ 활동을 했습니다. (   )
- 안중근은 ~~제물포~~ 역에서 이토 히로부미를 저격했습니다. (   )
- 안중근 만주 ~~팔순~~ 감옥에 갇혔다가 교수형을 당했습니다. (   )

역사 용어 정리하기

□□□ 의거는 안중근이 첫 통감 이토 히로부미를 저격한 사건입니다.

국권 상실

1910년에 대한 제국이 일제의 식민지가 된 것을 말합니다

대한 제국이 국가로서의 권리(국권)를 잃었다(상실)는 뜻이에요.
1910년 8월 22일, 3대 통감 데라우치와 총리대신 이완용이
일본과 대한 제국이 합친다는 내용의 병합 조약에 도장을 찍었어요.
우리 국민의 저항을 두려워한 일제는 8월 29일에야 병합 조약을 발표했어요.
병합 조약을 맺은 뒤 많은 사람이 분노하며 스스로 목숨을 끊었어요.
국권 상실은 경술년에 나라가 치욕을 당했다 하여 경술국치라고도 해요.

1904	1905	1907	1910
한일 의정서	을사조약	고종 퇴위, 한일 신협약, 군대 해산	국권 상실

알쏭달쏭 바로알기

틀린 곳을 맞게 고쳐 쓰세요.

- ~~1919년~~에 대한 제국은 국권을 잃었습니다. (　　　　　)
- 데라우치와 ~~박제순~~이 병합 조약에 도장을 찍었습니다. (　　　　　)
- 국권 상실은 ~~을사국치~~라고도 합니다. (　　　　　)

역사 용어 정리하기

□□ □□은 1910년 대한 제국이 일제의 식민지가 된 사건입니다.

조선 총독부

우리나라를 지배한 일제의 통치 기관입니다

일제는 대한 제국을 빼앗은 뒤에
우리나라에 조선 총독부를 설치했어요.
조선 총독부의 우두머리는 총독으로,
육군이나 해군 대장 중에서 임명됐지요.
총독은 일본 왕에게만 명령을 받았는데,
우리나라에서는 왕과 다름없을 정도로
권력이 막강했어요.
입법, 사법, 행정, 군사 등 모든 분야에서
절대적인 권한을 가졌지요.
조선 총독부는 1945년 8월 15일 광복과
더불어 없어졌어요.
광복 뒤에 조선 총독부 건물은 중앙청
건물로 쓰이다가 1995년에 철거됐어요.

알쏭달쏭 바로알기

두 단어 중 맞는 것에 ○표 하세요.

- 조선 총독부의 우두머리는 (통감, 총독)입니다.
- 총독은 입법, 사법, 행정, 군사의 모든 (권한, 의무)를(을) 가졌습니다.
- 조선 총독부는 (1945년, 1910년)에 광복과 더불어 없어졌습니다.

역사 용어 정리하기

□□ □□□는 우리나라를 지배한 일제의 통치 기관입니다.

무단 통치

일제가 우리나라를 무력으로 다스린 것을 말합니다

무단 통치는 군대 등을 동원하여 국민의 저항을 누르면서 하는 정치라는 뜻이에요.
일제는 우리 민족을 통치하려고 헌병 경찰을 만들었어요.
헌병은 군대 안의 경찰 업무를 맡아보는 군인인데,
일제는 헌병 경찰을 만들어 군인에게 일반 국민들을 수사하고 체포하게 했어요.
심지어 재판 없이 국민들에게 벌을 줄 수도 있었어요.
헌병 경찰은 긴 칼을 옆에 차고 다니며 국민들을 두려움에 떨게 했지요.
무단 통치 때는 관리와 교사들도 군복을 입고 칼을 차고 다녔어요.

알쏭달쏭 바로알기

틀린 곳을 맞게 고쳐 쓰세요.

- 일제는 우리 민족을 통치하려고 ~~새병~~ 경찰을 만들었어요. (　　　　　)
- 헌병은 원래 군대 안의 ~~취사~~ 업무를 맡은 군인입니다. (　　　　　)
- 무단 통치 때는 관리와 ~~학생~~들도 군복을 입고 칼을 찼어요. (　　　　　)

역사 용어 정리하기

□□ □□는 일제가 우리나라를 무력으로 다스린 것을 말합니다.

서대문 형무소

서울 서대문에 있던 감옥입니다

통감부가 1908년에 세운 감옥으로 처음에는 경성 감옥이라고 했어요.
일제 강점기 내내 민족 지도자와 독립운동가를 이곳에 가두고 고문했어요.
500명을 가둘 수 있는 감옥이었으나 독립운동가들이 늘어나면서
3·1 운동 때는 3,000여 명을 가둘 수 있을 정도로 커졌어요.
광복 이후에는 민주화 운동을 하던 사람들도 많이 갇혀 있었어요.
서울시에서는 민족의 수난과 독립운동의 역사를 되새기고자
서대문 형무소 역사관으로 바꾸어 운영하고 있어요.

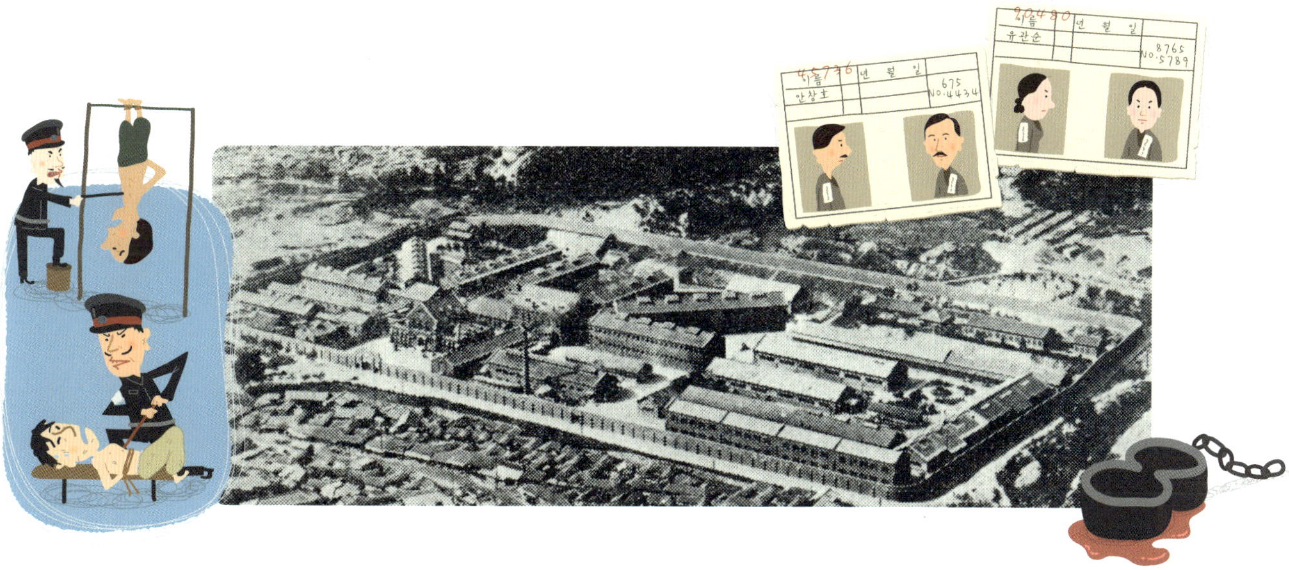

알쏭달쏭 바로알기

틀린 곳을 맞게 고쳐 쓰세요.

- 서대문 형무소는 ~~총독부~~가 처음 세웠습니다. (　　　　　　)
- 서대문 형무소는 서울 ~~동대문~~에 있던 감옥입니다. (　　　　　　)
- 서대문 형무소가 서대문 형무소 ~~미술관~~으로 바뀌었습니다. (　　　　　　)

역사 용어 정리하기

□□□ □□□는 서울 서대문에 있던 감옥입니다.

민족 자결주의

자기 민족의 운명은 스스로 결정해야 한다는 사상을 말합니다

제1차 세계 대전 직후인 1919년에 서양 강대국들은 식민지 문제를 논의하려고 파리에서 평화 회담을 열었어요.
이 회의에서 미국의 윌슨 대통령은 민족 자결주의를 주장했는데, 식민지 민족의 운명은 그들 스스로 결정할 권리가 있다는 것이었지요.
그 결과 유럽의 몇 나라는 식민지에서 벗어나 독립을 했고, 다른 식민지 나라들도 독립의 희망과 용기를 얻게 되었답니다.

알쏭달쏭 바로알기

내용이 맞으면 ○표, 틀리면 X표를 하세요.

- 제1차 세계 대전 후에 파리에서 평화 회담이 열렸습니다. (　　)
- 미국의 윌슨 대통령이 제국주의를 주장했습니다. (　　)
- 민족 자결주의의 영향으로 유럽의 여러 나라가 식민지가 되었습니다. (　　)

역사 용어 정리하기

민족 □□□□는 자기 민족의 운명은 스스로 결정해야 한다는 사상입니다.

2·8 독립 선언

1919년 2월 8일에 일본 유학생들이 발표한 독립 선언입니다

일본에서 공부하던 한국 학생들은 민족 자결주의에 크게 자극을 받았어요.
유학생들은 도쿄 기독교 청년 회관에 모여서 조선의 독립 의지를 널리 알리는 독립 선언서를 발표하기로 결정했어요.
그러고는 조선 청년 독립단을 만들고 독립 선언서를 작성했지요.
유학생들은 독립 선언서를 각국 대사관, 일본 정부, 신문사 등에 보내고 기독교 청년 회관에서 독립 선언서를 발표했어요.
2·8 독립 선언의 영향으로 우리나라에서는 3·1 운동이 일어났어요.

2·8 독립 선언문
조선 청년 독립단은 아, 2천만 민족을 대표하여 정의와 자유의 승리를 얻은 세계 만국 앞에 우리 민족의 독립을 선언하노라.

알쏭달쏭 바로알기

틀린 곳을 맞게 고쳐 쓰세요.

- 일본 유학생들은 민족 ~~제국주의~~에 자극을 받았습니다. (   )
- 일본 유학생들은 2월 8일에 ~~병합~~ 선언서를 발표했습니다. (   )
- 2·8 독립 선언의 영향으로 ~~6·10~~ 운동이 일어났습니다. (   )

역사 용어 정리하기

☐·☐ 독립 선언은 1919년 2월 8일에 일본 유학생들이 발표했습니다.

3·1 운동

1919년 3월 1일부터 시작된 대규모 독립운동입니다

1919년 3월 1일, 서울 인사동에서 민족 대표들이 독립 선언식을 가졌어요.
탑골 공원에서도 학생과 시민들이 독립 선언서를 읽고, 만세 운동을 시작했지요.
시내 곳곳에 독립 선언서가 뿌려졌고, 수많은 사람이 만세 운동에 참여했어요.
이날 평양, 진남포, 선천, 안주, 의주, 원산에서도 만세 운동이 벌어졌지요.
3·1 운동은 금세 전국 방방곡곡으로 퍼져 온 나라가 만세 소리로 뒤덮였어요.
만세 운동은 해외로도 퍼져 중국, 러시아,
미국에서도 만세 운동이 일어났어요.
3·1 운동의 결과 중국 상하이에
대한민국 임시 정부가 세워졌어요.

총 만세 운동 횟수 : 약 **1,500**회

참가자 : 약 **2,000,000**명

알쏭달쏭 바로알기

틀린 곳을 맞게 고쳐 쓰세요.

- 1919년 3월 1일 ~~동네~~ 대표들이 독립 선언식을 가졌습니다. (   )
- 3·1 운동 당시 학생들은 ~~삼청~~ 공원에 모였습니다. (   )
- 3·1 운동의 결과 ~~뉴욕~~에 대한민국 임시 정부가 세워졌습니다. (   )

역사 용어 정리하기

□·□ □□은 1919년 3월 1일부터 시작된 대규모 독립운동입니다.

독립 선언서

3·1 운동 때 조선의 독립을 세계만방에 선언한 글입니다

손병희가 원칙을 세우고 최남선이 써서 민족 대표 33인이 모두 서명하여 1919년 3월 1일에 서울 인사동 태화관에서 발표하였어요.
독립 선언서는 이미 며칠 전에 인쇄되어 비밀리에 전국에 배포되어 있었지요.
독립 선언서에는 조선 독립의 필요성과 정당성을 밝혀 놓았어요.
선언서와 공약 3장, 민족 대표 33인의 이름으로 이루어져 있어요.

알쏭달쏭 바로알기

두 단어 중 맞는 것에 ○표 하세요.

- 독립 선언서는 (최남선, 이승훈)이 썼습니다.
- 독립 선언서에는 민족 대표 (33, 66)인이 서명했습니다.
- 독립 선언서는 조선 (병합, 독립)의 필요성과 정당성을 밝혔습니다.

역사 용어 정리하기

□□ □□□는 3·1 운동 때 조선의 독립을 세계만방에 선언한 글입니다.

탑골 공원

서울 종로에 있는 공원으로 3·1 운동이 일어난 곳입니다

탑골은 이곳에 있던 원각사는 없어지고 10층 석탑만 남아 있어 생긴 이름이에요.
고종 때 근대식 공원으로 만들고, 파고다 공원이라고 했어요.
파고다는 인도 말로 '사찰의 탑'이라는 뜻이에요.
1992년에 공원의 이름을 파고다 공원에서 탑골 공원으로 바꾸었지요.
3·1 운동 때 시민들과 학생들이 이곳에 모여 만세를 외쳤어요.
그때 학생 대표가 독립 선언서를 낭독했던 팔각정이 아직도 남아 있답니다.

알쏭달쏭 바로알기

틀린 곳을 맞게 고쳐 쓰세요.

- 탑골은 ~~조계사~~는 없어지고 석탑만 남아 생긴 이름입니다. (   )
- 탑골 공원은 ~~버뮤다~~ 공원이라고도 불렸습니다. (   )
- ~~2·8~~ 운동 때 사람들이 탑골 공원에서 만세를 외쳤습니다. (   )

역사 용어 정리하기

□□ □□은 서울 종로에 있는 공원으로 3·1 운동이 일어난 곳입니다.

유관순

천안에서 만세 운동을 일으킨 독립운동가입니다

3·1 운동이 일어나자 이화 학당 학생으로 만세 운동에 참가했어요.
일제가 학교 문을 닫자 고향인 천안으로 내려와 만세 운동을 이끌었지요.
유관순의 노력으로 아우내 장터에 천안 사람 수천 명이 모였어요.
일본 헌병은 만세를 부르는 사람들에게 총을 마구 쏘아대
유관순의 부모를 비롯해 많은 사람이 죽었어요.
유관순도 일본군에게 잡혀 서울 서대문 형무소에 끌려갔어요.
모진 고문을 받아도 독립 만세를 외치다 감옥에서 사망했습니다.

알쏭달쏭 바로알기

틀린 곳을 맞게 고쳐 쓰세요.

- 유관순은 배재 학당 학생으로 3·1 운동에 참가했습니다. (   )
- 유관순은 천진에서 만세 운동을 이끌었습니다. (   )
- 유관순은 동대문 형무소에 갇혀 고문을 받았습니다. (   )

역사 용어 정리하기

☐☐☐은 천안에서 만세 운동을 일으킨 독립운동가입니다.

정 답

1 조선의 개항

- 7p 이하응, 아버지, 고종 | 흥선 대원군
- 8p 유학(유교), 흥선 대원군, 양반 | 서원 철폐
- 9p 가구, 군대, 양반 | 호포제
- 10p 조선, 임진왜란, 경복궁 | 경복궁 중건
- 11p 경복궁, 100, 당백전 | 당백전
- 12p ×, ×, ○ | 이양선
- 13p 개항, 시장, 통상 | 개항
- 14p 병인년, 서양, 프랑스 | 병인박해
- 15p 1886년, 강화도, 정족산성 | 병인양요
- 16p 강화도, 양헌수, 프랑스군 | 정족산성
- 17p 한양(한성, 서울), 남쪽, 진 | 강화 초지진
- 18p ○, ○, × | 외규장각
- 19p 흥선 대원군, 오페르트, 남연군 | 오페르트
- 20p 미국, 대동강, 평양 | 제너럴 셔먼호
- 21p 신미년, 제너럴 셔먼호, 미국 | 신미양요
- 22p 신미양요, 어재연, 미군 | 광성보
- 23p 척화, 흥선 대원군, 신미양요 | 척화비
- 24p ×, ○, × | 고종
- 25p 개화, 북학, 개화파 | 개화파
- 26p 박지원, 개화 사상, 개항(통상) | 박규수
- 27p 유학자, 서양, 쓰시마섬 | 최익현
- 28p 일본, 군함, 개항 | 운요호
- 29p 운요호, 개항, 불평등 | 강화도

2 자주 독립을 위한 노력

- 31p 통신사, 일본, 근대 | 수신사
- 32p 유학생, 청나라(청, 중국), 무기 | 영선사
- 33p 별기군, 신식 군대, 왜별기 | 별기군
- 34p 구식, 청나라(청, 중국), 조선(우리나라) | 임오군란
- 35p 개화파, 우정국, 청나라(청, 중국) | 갑신정변
- 36p ○, ○, × | 우정국
- 37p 개화 사상, 근대, 갑신정변 | 김옥균
- 38p 1894년, 농민, 일본군 | 동학
- 39p 녹두, 집강소, 우금치 | 전봉준
- 40p 고부, 만석보, 전봉준 | 고부
- 41p 동학교도, 백산, 전봉준 | 백산 봉기
- 42p ○, ×, ○ | 황토현
- 43p 청나라(청, 중국), 일본, 전주 | 전주 화약
- 44p 일본, 일본, 청나라(청, 중국) | 청·일 전쟁
- 45p 갑오년, 일본, 갑오개혁 | 갑오개혁
- 46p 도량형, 자, 갑오개혁 | 도량형
- 47p 일본, 우금치, 동학 | 우금치
- 48p ×, ×, ○ | 삼국 간섭
- 49p 민씨, 개화 정책, 일본 | 명성 황후
- 50p 을미년, 일본, 일본 | 을미사변
- 51p 을미개혁, 태양, 태음력 | 태양력
- 52p 러시아, 친러파, 일본 | 아관 파천
- 53p 독립 협회, 자주권, 독립신문 | 독립 협회
- 54p ○, ○, × | 독립문
- 55p 독립, 종로, 러시아 | 만민 공동회
- 56p 러시아, 이익(이득), 미국 | 광산
- 57p 기차, 일본, 일본 | 철도

3 대한 제국과 근대 문물

59p 경운궁, 서양, 덕수궁 | 경운궁
60p 환구단, 대한 제국, 황제 | 대한 제국
61p 하늘, 황제, 환구단 | 환구단
62p 광무, 근대화, 전차 | 광무개혁
63p 돌, 유럽(서양), 덕수궁(경운궁) | 석조전
64p ×, ○, × | 전깃불
65p 전어기, 덕수궁(경운궁), 교환원 | 전화기
66p 전기, 고종, 청량리 | 전차
67p 증기, 쇠수레, 경인선 | 기차
68p 사립, 원산, 신학문 | 원산 학사
69p 학교, 양반, 영어 | 육영 공원
70p ○, ×, ○ | 배재 학당
71p 스크랜턴, 여자, 여자아이 | 이화 학당
72p 갑오개혁, 초등학교, 체조 | 소학교
73p 개신교, 의료, 사회 활동 | 선교사
74p 알렌, 병원, 제중원 | 광혜원
75p 개화파, 구두, 한복 | 양장
76p ×, ×, ○ | 단발
77p 두루마기, 도포, 두루마기 | 두루마기
78p 서양식, 등잔불, 석유 | 남포등
79p 소리, 유성기, 노래 | 유성기

4 국권 상실과 3·1 운동

81p 일본, 제국주의, 식민지 | 제국주의
82p 러시아, 만주, 일본 | 러·일 전쟁
83p 동쪽, 울릉도, 러·일 전쟁 | 독도
84p 을사년, 외교권, 을사오적 | 을사조약
85p 통감부, 외교권, 을사조약 | 통감부
86p ×, ○, ○ | 민영환
87p 일제(일본), 을미년, 독립군 | 항일 의병
88p 평민, 태백산, 산 | 신돌석
89p 특별, 헤이그, 일본 | 헤이그 특사
90p 계몽, 실력, 민족 | 애국 계몽
91p 애국, 신민회, 독립 | 안창호
92p ○, ○, × | 이승훈
93p 신민회, 교육, 공화국 | 신민회
94p 독립신문, 한글(우리글), 한글 | 주시경
95p 대한 제국, 황성신문, 장지연 | 황성신문
96p 베델, 국채, 일본 | 대한매일신보
97p 나라(국가), 서상돈, 통감부 | 국채 보상 운동
98p ×, ○, ○ | 신협약
99p 의병, 하얼빈, 뤼순 | 안중근
100p 1910년, 이완용, 경술국치 | 국권 상실
101p 총독, 권한, 1945년 | 조선 총독부
102p 헌병, 경찰, 교사(선생) | 무단 통치
103p 통감부, 서대문, 역사관 | 서대문 형무소
104p ○, ×, × | 자결주의
105p 자결주의, 독립, 3·1 | 2·8
106p 민족, 탑골, 상하이 | 3·1 운동
107p 최남선, 33, 독립 | 독립 선언서
108p 원각사, 파고다, 3·1 | 탑골 공원
109p 이화 학당, 천안, 서대문 | 유관순

찾아보기

ㄱ

갑신정변 35
갑오개혁 45, 46, 72
갑오경장 45
강화 초지진 17, 21, 22, 28
강화도 15, 16, 17, 18, 21, 28, 29
강화도 조약 29, 31, 68
개항 13, 28
개화 사상 25, 26, 37
개화파 25, 36, 37, 45, 53
건달불 64
건청궁 50
경복궁 10
경복궁 중건 10, 11
경부선 57
경성 감옥 103
경술국치 100
경운궁 59, 63
경원선 57
경의선 57
경인선 57
고부 농민 봉기 38, 40
고종 7, 24, 49, 59, 60, 61, 62, 84
광무 62
광무개혁 62
광산 채굴권 56
광성보 17, 21, 22
광성보 전투 22
광혜원 74
괴물 배 12
구식 군대 33, 34
국권 상실 100
국채 보상 운동 96, 97
군대 해산 98
군포 9
기기창 36
기차 67
김구 65
김기수 31
김옥균 35, 37
김윤식 32
김홍집 31

ㄴ

남연군 19
남연군 묘 19
남포등 78
녹두 장군 39

ㄷ

다케시마 83

단발 76
단발령 51, 76
당백전 11
대성 학교 91
대한 제국 24, 60, 61, 63
대한매일신보 96
덕률풍 65
덕수궁 59, 63
덕수궁 석조전 63
데라우치 100
도깨비불 64
도량형 45
도량형 통일 45, 46
도포 77
독도 83
독도 침탈 83
독립 선언서 105, 106, 107
독립 협회 53, 54, 55, 91
독립문 54
독립신문 53
동학 농민 운동 38, 39, 40, 41, 47
동학 농민군 42, 43, 47
돛단배 12
두루마기 77

ㄹ

러시아 공사관 52
러·일 전쟁 82, 83, 84
리델 15

ㅁ

만민 공동회 55
만민 평등의 옷 77
만석보 40
명성 황후 49, 50
무단 통치 102
미터법 46
민영환 86
민족 대표 106
민족 자결주의 104, 105

ㅂ

박규수 26
박문국 36
박영효 37
배재 학당 70
백산 봉기 38, 41
베델 96
별기군 33, 34
별기대 33
병인박해 14
병인양요 15, 18, 23
보 17
불평등 조약 29

ㅅ

삼국 간섭 48, 50
3·1 운동 105, 106, 107
상평통보 11
서광범 37
서당 72
서대문 형무소 103, 109
서상돈 97
서원 8
서원 철폐 8
서재필 37, 53
석조전 63
선교사 73
소학교 72
쇠수레 67
수신사 31
순종 49
스크랜턴 71, 73

시일야방성대곡 95
식민지 81, 104
신돌석 88
신미양요 21, 22, 23
신민회 91, 92, 93
실력 양성 운동 90

ㅇ

아관 파천 52
아펜젤러 70, 73
안중근 99
안중근 의거 99
안창호 91
알렌 73, 74
애국 계몽 운동 90, 93
양기탁 96
양장 75
양헌수 16
어재연 22
언더우드 73
연합국 최고 사령부 관할 지도 83
영선사 32
영은문 54
오산 학교 92
오페르트 19
오페르트 도굴 사건 19
왜별기 33
외규장각 17, 18
우금치 전투 38, 39, 47
우정국 35, 36
운산 금광 56
운양호 28
운요호 사건 28, 29
원각사 108
원각사지 10층 석탑 108
원구단 61
원산 68
원산 학사 68
윌슨 104
유관순 71, 109
유성기 79
육영 공원 69
을미개혁 51, 76
을미사변 50
을미 의병 87
을사오적 84
을사 의병 87
을사조약 84, 86, 100
의궤 18
의병 87, 88
이상설 89
이승만 70
이승훈 92
이양선 12
이위종 89
이준 89

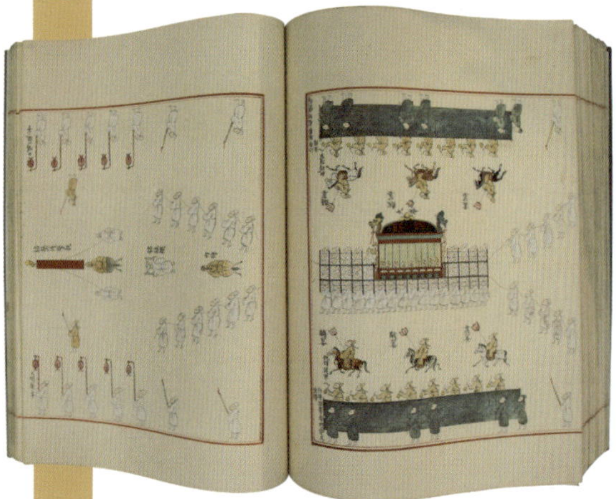

이토 히로부미 85, 99
2·8 독립 선언 105
이하응 7
이화 학당 71
일본 제국주의 81
일제 81
임오군란 34

ㅈ

장지연 95
전깃불 64
전등 64
전봉준 39, 40, 41, 47
전어기 65
전주 화약 38, 43
전차 66
전화기 65
전환국 36
정미7조약 98
정미 의병 87
정족산성 15, 16, 17
정족산성 전투 16
제국주의 81
제너럴 셔먼호 21
제너럴 셔먼호 사건 20, 21
제중원 74
조병갑 40
조선 청년 독립단 105
조선 총독부 85, 101
주시경 70, 94
증기 기관 67
진 17
집강소 39, 43

ㅊ

척화비 23
철도 부설권 57
철마 67
청·일 전쟁 38, 44, 47, 48
초지진 17, 21, 22, 28
총독 101
최남선 107
최익현 27
친러파 52

ㅌ

탑골 공원 106, 108
태백산 호랑이 88
태양력 51
태양력 사용 51
통감부 84, 85
통상 13

ㅍ

파고다 공원 108

ㅎ

한성 전기 회사 66
한성순보 36
한일 병합 조약 100
한일 신협약 98
한일의정서 100
항일 의병 87
헌병 경찰 102
헤이그 특사 89
헤이그 특사 파견 89
호포 9
호포제 9
홍영식 37
화륜거 67
화마 67
환구단 60, 61
황궁우 61
황당선 12
황성신문 95
황토현 전투 38, 42
흥선 대원군 7, 8, 9, 10, 11, 14, 19, 23, 24, 49

____________의 한국사 공부 체크 리스트

교과서가 쉬워지는 **용어 한국사 600**으로 공부한 주제에 ✓를 합니다.

☑ 흥선 대원군	☐ 서원 철폐	☐ 호포제	☐ 경복궁 중건	☐ 당백전
☐ 이양선	☐ 개항	☐ 병인박해	☐ 병인양요	☐ 정족산성 전투
☐ 강화 초지진	☐ 외규장각	☐ 오페르트 도굴 사건	☐ 제너럴 셔먼호 사건	☐ 광성보 전투
☐ 척화비	☐ 고종	☐ 개화파	☐ 박규수	☐ 최익현
☐ 운요호 사건	☐ 강화도 조약	☐ 수신사	☐ 영선사	☐ 별기군
☐ 임오군란	☐ 갑신정변	☐ 우정국	☐ 김옥균	☐ 동학 농민 운동
☐ 전봉준	☐ 고부 농민 봉기	☐ 백산 봉기	☐ 황토현 전투	☐ 전주 화약
☐ 청·일 전쟁	☐ 갑오개혁	☐ 도량형 통일	☐ 우금치 전투	☐ 삼국 간섭
☐ 명성 황후	☐ 을미사변	☐ 태양력 사용	☐ 아관 파천	☐ 독립 협회
☐ 독립문	☐ 만민 공동회	☐ 광산 채굴권	☐ 철도 부설권	☐ 경운궁
☐ 대한 제국	☐ 환구단	☐ 광무개혁	☐ 덕수궁 석조전	☐ 전깃불
☐ 전화기	☐ 전차	☐ 기차	☐ 원산 학사	☐ 육영 공원
☐ 배재 학당	☐ 이화 학당	☐ 소학교	☐ 선교사	☐ 광혜원
☐ 양장	☐ 단발	☐ 두루마기	☐ 남포등	☐ 유성기
☐ 일본 제국주의	☐ 러·일 전쟁	☐ 독도 침탈	☐ 을사조약	☐ 통감부
☐ 민영환	☐ 항일 의병	☐ 신돌석	☐ 헤이그 특사 파견	☐ 애국 계몽 운동
☐ 안창호	☐ 이승훈	☐ 신민회	☐ 주시경	☐ 황성신문
☐ 대한매일신보	☐ 국채 보상 운동	☐ 한일 신협약	☐ 안중근 의거	☐ 국권 상실
☐ 조선 총독부	☐ 무단 통치	☐ 서대문 형무소	☐ 민족 자결주의	☐ 2·8 독립 선언
☐ 3·1 운동	☐ 독립 선언서	☐ 탑골 공원	☐ 유관순	